W0392259

Die schönsten

Aus dem Englischen
von Gisela Sturm

Gerstenberg Verlag

Text und Fotos
von Hugh Palmer

Dörfer Spaniens

Inhalt

Danksagung

Es braucht seine Zeit, die einzigartige Kultur Spaniens ganz zu erfassen; genießen kann man sie hingegen unmittelbar. Während meiner Arbeit an diesem Buch hat mich die schiere Größe dieses Landes mitunter eingeschüchtert, nie aber entmutigt, denn ich fühlte mich unter den herzlichen, gastfreundlichen Spaniern stets wie zu Hause.

Ich danke den Mitarbeiterinnen und Mitarbeitern des Spanischen Fremdenverkehrsamts in London, insbesondere Claire Turner und Pituca Caton, für ihre unschätzbare Hilfe, ebenso den Mitarbeitern der Fremdenverkehrsämter der verschiedenen Provinzen und Regionen Spaniens. Meine Ehefrau Hoonie brachte das Projekt durch ihr Sprachtalent wesentlich voran, und Piers Plumptre gab mir hilfreiche Ratschläge. Seiner Schwester – meiner Patentochter Hermione – ist dieses Buch gewidmet.

SEITE 1: Siesta in Candelario (Salamanca). Die Fenstereinfassung besteht aus dem für die Gegend typischen grauen Stein.
SEITE 2–3: Montilla liegt im Herzen des Weinbaugebietes Montilla-Moriles südlich von Córdoba.
DIESE DOPPELSEITE VON LINKS NACH RECHTS: Licht-und-Schatten-Effekte schaffen reizvolle Durchblicke: der Torbogen der mittelalterlichen Kirche San Esteban in Sos del Rey Católico (Zaragoza); der Arco de las Monjas in Vejer de la Frontera (Cádiz), einem »weißen Dorf« Andalusiens; die Puerta de la Villa, das Tor in der Stadtmauer von Pedraza (Segovia); ein vergitterter Durchgang in der Burgmauer von Ribadavia (Ourense) am Zusammenfluss von Minho und Avia.

Bibliografische Information
Der Deutschen Bibliothek
Die Deutsche Bibliothek verzeichnet diese Publikation in der Deutschen Nationalbibliografie; detaillierte bibliografische Daten sind im Internet über *http://dnb.ddb.de* abrufbar.

Aus dem Englischen von Gisela Sturm

Die Originalausgabe erschien 2003
unter dem Titel
The Most Beautiful Villages of Spain
bei Thames and Hudson Ltd., London.
Copyright © 2003 Thames and Hudson Ltd., London
Text und Fotografien Copyright
© 2003 Hugh Palmer
Alle Rechte vorbehalten

Deutsche Ausgabe Copyright
© 2004 Gerstenberg Verlag, Hildesheim
Alle deutschen Rechte vorbehalten
Satz: Fotosatz Ressemann, Hochstadt
Printed in Singapore
ISBN 3-8067-2919-0

ZENTRALSPANIEN

ANDALUSIEN

NORDSPANIEN

Einführung

Die schönste Aussicht auf Albarracín bietet sich von seiner Befestigungsmauer: Im malerischen Anblick des alten Dorfes, das sich an einen steilen Felsen über dem mäandernden Guadalaviar klammert, entfaltet sich Spaniens faszinierende Geschichte. Einst gab es hier eine römische Festung, davor eine keltische Siedlung. Die Befestigungen, die sich seit dem 10. Jahrhundert in dieser entlegenen Gegend im südlichen Aragonien über die windgepeitschten Hügel ziehen, gehen auf die Mauren zurück. Die Dynastie der Beni Razin hatte den Ort als Hauptstadt ihres Taifa-Königreichs gewählt, das einen wichtigen Stützpunkt gegen die rivalisierenden Almohaden bildete. Knapp hundert Jahre später verdrängte im Zuge der Reconquista das christliche Adelsgeschlecht der Azagras aus Navarra die Mauren, die nichts weiter als ihren Namen zurückließen. Den beharrlichen Versuchen der Könige von Aragonien zum Trotz, Albarracín in Lehnspflicht zu nehmen, konnte der Ort unter der Herrschaft der Azagras bis zum Jahr 1300 seine Unabhängigkeit wahren. Unter den Königen gelangte er dann dank seiner Tuchindustrie zu Wohlstand und wurde Bistum. Davon zeugen die Kathedrale aus dem 16. und der Bischofspalast aus dem 18. Jahrhundert.

Solche Grandeur mag angesichts der Enge innerhalb der Stadtmauern überraschen. Hat man eines der original erhaltenen Tore passiert, die eher für Eselskarren als für den Autoverkehr geeignet sind, flaniert man auf kopfsteingepflasterten Gassen an historischen Häusern vorbei in Richtung Plaza Mayor und streift dabei fast die tief herabhängenden Holzbalkons, die zum mittelalterlichen Flair des Dorfes beitragen. Abgesehen davon, dass ein großer Teil der alten Bausubstanz überdauert hat, ist die Authentizität des Ortsbilds sorgfältigen Restaurierungsmaßnahmen zu verdanken. Bei allem Respekt vor der Vergangenheit wird jedoch nicht auf die Annehmlichkeiten der Moderne verzichtet, so z.B. in der Casona del Ajimez in der Calle San Juan: Nachdem der stolze Besitzer das

Albarracín (Teruel) war nacheinander eine römische Festung, ein maurischer Stützpunkt, Hauptstadt eines christlichen Kleinkönigreichs und schließlich Bischofssitz. Die maurischen Befestigungen, die wunderschöne Kathedrale und der Bischofspalast sind Stein gewordene Geschichte.

Die Reichtümer des ländlichen Spaniens sind vielgestaltig.
OBEN: Dieser Turm aus dem 17. Jahrhundert ziert die Hauptkirche Santa María la Coronada in Medina-Sidonia, einem Dorf in Andalusien.
RECHTS: In der Nähe von Piedrahita (Ávila) in Südkastilien kontrastieren sonnenbeschienene Weiden – wie hier im November – mit der kargen Gebirgskulisse.

Anwesen aus dem 18. Jahrhundert umsichtig restauriert hatte, entschloss er sich, den im alten Glanz wiedererblühten Palast Gleichgesinnten zugänglich zu machen, und funktionierte ihn zu einem Hotel um. Innen verbinden sich restauratorischer Purismus und Hightech des 21. Jahrhunderts. In dieser gelungenen Kombination aus Ehrerbietung gegenüber Geschichte und Tradition einerseits und der Einbeziehung zukunftsorientierter Technik andererseits bahnt sich eine neue touristische Ära Spaniens an.

Als Ziel ausländischer Besucher ist Spanien keine Neuentdeckung. Wo ein Wille war, fand sich stets auch ein Weg, die Barriere der Pyrenäen zu überwinden, angefangen bei den Gläubigen, die sich zu Abertausenden auf die entbehrungsreiche Reise nach Santiago de Compostela machten, bis hin zu den modernen »Pilgern«, die das Gebirge millionenfach auf dem Luftweg überqueren, um bei ihrer Ankunft an der Mittelmeerküste allzu oft nur ein billiges Spanien-Surrogat vorzufinden. Ein Surrogat, das niedrigen Grundstückpreisen und dem schnellen Geld geschuldet ist und obendrein mit den Attributen mitteleuropäischer Alltagskultur versehen wurde, damit sich die Touristen dort »wie zu Hause« fühlen. Als hätte die spanische Kultur nicht schon genug an kulturellen und kulinarischen Genüssen zu bieten! Natürlich gab es immer die alten Städte, die als mächtige Bastionen der Geschichte und Kultur des Landes überdauert haben, aber das übrige Spanien wurde als eine einzige große, schwer zugängliche Wüste abgetan, deren unwirtliche, karge Landschaften noch die entdeckungsfreudigsten Reisenden auf Distanz hielten.

Es waren unerschrockene Literaten, die uns die Kunde von deren Schönheit überbrachten, etwa Gerald Brenan und Norman Lewis, zwei englische Schriftsteller, die sich für längere Zeit in Andalusien bzw. an der Costa Brava niederließen, um den faszinierenden Reichtum der dortigen Dörfer zu entdecken. Heutzutage sind spanische Bauunternehmer nicht mehr gewillt, den Saum der Betonburgen an der Küste endlos weiter zu verlängern. Stattdessen wird das Hinterland erschlossen; neue Autobahnen stoßen durch die Gebirge, überspannen tiefe Täler und zerschneiden die weiten

Noch das kleinste Dorf zeugt von Spaniens glanzvoller Vergangenheit. In Pedraza (Segovia), einem Ort mit knapp fünfhundert Einwohnern, gibt es mehrere prächtige Häuser mit dem Wappenschmuck der Adelsfamilien, die dort im 17. Jahrhundert lebten.

Ebenen Kastiliens, solange der Geldhahn der Europäischen Gemeinschaft noch sprudelt.

Spaniens Landschaften sind unglaublich vielfältig. Da gibt es das wohltuend erfrischende Sanlúcar de Barrameda an der Mündung des Guadalquivir, wohin sich die Prominenz aus Sevilla gern vor der brütenden Sommerhitze flüchtete; von Granada geht es dann über eine kurze, kurvenreiche Straße hinauf in die Sierra Nevada, wo die letzten Mauren einst Zuflucht fanden, zu den luftigen Bergdörfern von Las Alpujarras, weiter an der Ostküste gen Norden nach El Palmar in seiner prekären Lage am Rand einer Süßwasserlagune, wo seit Jahrhunderten der Reis für die Paella, jene berühmte spanische Spezialität, angebaut wird. Dann an die »wilde« Costa Brava mit den malerischen Felsen, die das hübsche Fischerdorf Cadaqués schützen und Salvador Dalí inspirierten, weiter zu den stillen Dörfern von Navarra, die sich in die bewaldeten Taleinschnitte der westlichen Pyrenäenausläufer schmiegen und deren Häuser mit den weit vorkragenden Dächern an die Alpen erinnern; von dort hinüber nach Galicien, dessen Kaufmannshäuser mit ihren großen Glasveranden nach Westen zur oft stürmischen Atlantikküste blicken. Den Abschluss bildet, als prägender Zug der spanischen Geografie, das ausgedehnte zentrale Hochland der Meseta, deren »kontinentales« Klima sich winters in extremer Kälte und sommers in brütender Hitze zeigt. Hier liegt eine unvergessliche Landschaft von endloser Weite und karger, fast überirdischer Schönheit. Nach all den Jahrhunderten bäuerlicher Mühsal ist der Boden dort nicht freigebiger geworden. Dörfer wie Pedraza und Calatañazor hocken auf steinigem Grund inmitten einer grenzenlosen Leere. In ihrer Verlassenheit wirken die beiden ehemaligen Symbole feudalistisch-militärischer Machtanmaßung beinahe anrührend.

Während einige der Dörfer, die in diesem Buch vorgestellt werden, auf der Landkarte immer noch als winzige Pünktchen erscheinen, sind andere beträchtlich gewachsen und von Wohnvierteln und sogar Industriegebieten umgeben, die alles andere als traditionell zu nennen sind. Und trotzdem hat sich der Kern dieser alten Dörfer kaum verändert. So wie in jedem von ihnen die Plaza Mayor angelegt ist, mit Bäumen und Wegen und gesäumt von alten Kaufmannshäusern, entspricht sie den Wünschen der Einheimischen, und so wird es hoffentlich bleiben. Die künftigen Touristen werden es zu schätzen wissen.

Dass viele Orte intakt geblieben sind, verdanken sie aber nicht nur ihrer Abgeschiedenheit. Strenge Traditionen und der Respekt vor einer oft harten Vergangenheit haben dazu beigetragen, diese Kleinodien in ihrem ursprünglichen Zustand zu erhalten. Und nicht zuletzt hat auch die spanische Geschichte selbst zum Erhalt dieses Erbes beigetragen. Die Annahme, dass Spanien in seiner scheinbaren Isolation hinter den Pyrenäen sich lange Zeit von den Entwicklungen im restlichen Europa abgeschottet hätte, zeugt von einer ganz und gar eurozentrischen Sichtweise. Im Vergleich zu den Pyrenäen bildete die Straße von Gibraltar einen unproblematischen Zugang, und so setzten ab dem 8. Jahrhundert arabische Eroberer in mehreren Wellen nach Spanien über und breiteten sich fast überall auf der Iberischen Halbinsel aus. Die Art und Weise, wie die neuen Herren ihre eigene Kultur mit der bestehenden zu verbinden wussten, dürfte in der Geschichte beispiellos sein. Hinzu kamen jüdische Einwanderer, die sich im Mittelalter überall in Spanien ansiedelten und einen großen Teil der Bevölkerung ausmachten. Diese kulturelle Melange hat die spanische Kultur – die Literatur, die Wissenschaften, die Musik und vor allem die Architektur – zutiefst geprägt.

Im Bündnis mit der Kirche ging das Katholische Königspaar Ferdinand II. von Aragonien und Isabella I. von Kastilien an die Zentralisierung der Verwaltung und übte auch Einfluss auf das kulturelle Leben aus, wobei es Toleranz allerdings vermissen ließ. Mit unerbittlicher Härte verfolgte es seine religiösen und machtpolitischen Ziele, ließ Besitztümer und Ländereien konfiszieren, um sich die finanziellen Mittel für seine Expansionspolitik zu verschaffen. Spanien stieg zur Weltmacht auf, und als die Konquistadoren die Ureinwohner der neuen »westindischen« Kolonien unterwarfen, standen sie ihren Monarchen in der Heimat an Grausamkeit nicht nach. Die spanischen Galeonen kehrten bis zum Rand bepackt mit erbeuteten Schätzen in ihre Heimathäfen zurück. Monarchen wie

Allen Wechselfällen der Geschichte zum Trotz ist die Kirche in Spaniens Dörfern allgegenwärtig. Die Ziertürme der großen Klosteranlage von Guadalupe (Cáceres) überragen die Dächer der Häuser.

Nordspanien liegt klimatisch zwischen den Extremen. DIESE SEITE: Ein Bild aus Bárcena Mayor (Cantabria): hier wird Brennholz für den Winter eingelagert (GANZ OBEN). In Asturien wird in so hübsch dekorierten Speichern Getreide aufbewahrt (OBEN). RECHTS: Aus dem klimatisch milderen Galicien kommt ein Weißwein, der zu den regionalen Fischgerichten herrlich mundet. Weinberge umgeben auch die schöne Barockkirche Santa María von Beade bei Ribeiro (A Coruña).

Prälaten ließen ihre Paläste bzw. Kathedralen mit Silber und Gold – Symbolen ihrer absoluten Macht – ausschmücken. Dies sollte jedoch nicht von Dauer sein: Unter den Habsburgern wendete sich das Blatt. Die stolzen Armaden der spanischen Armee liefen auf Grund, und das Reich zerfiel. Jede Weltmacht tut sich schwer damit, ihr Imperium zu verlieren, und Spanien suchte jahrhundertelang nach neuer Orientierung.

Im 20. Jahrhundert war mit dem Spanischen Bürgerkrieg ab 1936 der Tiefpunkt erreicht. Die faschistische Diktatur, der niemand nachtrauert, war hoffentlich der letzte Versuch einer Zentralisierung Spaniens. Jeder Vorstoß in diese Richtung schlug fehl und brachte nur Leid über das Volk. Heute richten sich alle Hoffnungen auf die junge aufstrebende Demokratie Spaniens, die am Ende des 20. Jahrhunderts einige Erfolge verzeichnen konnte. Ein starkes föderatives System hat es vermocht, die Ambitionen der nach Autonomie strebenden Regionen weitgehend zu befriedigen, und die Wirtschaft boomt.

Doch dieser viel versprechende Wiedereintritt in die Welt der Moderne hatte keinen bedeutenden Verlust der Traditionen zur Folge. Wer die Probe aufs Exempel machen möchte, frage einmal: »¿Se habla ingles?« (»Sprechen Sie Englisch?«) Die Frage wird fast immer mit einem kategorischen »¡No!« beantwortet. Gebildete Spanierinnen und Spanier führen auch ohne die importierte Massenkultur ein reges kulturelles Leben.

Spanien möchte um seiner selbst willen entdeckt werden. Wer als Gast den ersten Schritt wagt, wird durch die legendäre spanische Gastfreundschaft belohnt. Wenn Sie die köstlichen, vielfältigen Gerichte des Landes probieren möchten, befinden Sie sich unter den Spaniern in guter Gesellschaft, denn sie haben eine wahre Leidenschaft für Tafelfreuden.

Das moderne Spanien explodiert im Feuerwerk seiner jungen, sprühenden Kultur, die sich zu einer alten, einzigartigen Geschichte gesellt. Und überall, wo die Vergangenheit Stein geworden ist, wo die Einheimischen ihre Traditionen zu überdenken beginnen und ihre Zukunft selbst in die Hand nehmen, dürfen sich die Reisenden auf faszinierende Abenteuer und Entdeckungen gefasst machen.

Ostspanien

Oben: Surreal muten Baum und Fischerboot vor dem Zugang zu Dalís Haus in Port-Lligat (Girona) an.
Rechts: Am Rand des befestigten Dorfes Sos del Rey Católico erhebt sich vor der Kulisse der grandiosen Landschaft im Norden der Provinz Aragonien einsam ein Kreuz.

Auf den ersten Blick präsentiert sich die von Hotelburgen und überfüllten Stränden gesäumte spanische Mittelmeerküste nicht gerade als ein Eldorado für Urlauber, die traditionelle spanische Dörfer kennen lernen möchten. Doch wer sucht, der findet. So hat z.B. das im nördlichen Teil der Costa Brava gelegene Cadaqués seinen Charakter als Fischerdorf wahren können, und zwar nicht zuletzt dank der Künstler wie etwa Salvador Dalí, die den Ort in den 1930er-Jahren »entdeckten«. Der weiter südlich auf halbem Wege zur Costa Blanca in Halbinsellage auf einem Kalkfelsen thronende Festungsort Peñíscola blieb ebenfalls von den Auswirkungen der Bauwut verschont. Und bei El Palmar an der Lagune Albufera südlich von Valencia wird noch heute nach traditionellen Methoden jener Reis kultiviert, der die Grundlage für ein spanisches Nationalgericht bildet: Die Paella wurde in Valencias Küchen erfunden.

Ein Stück landeinwärts, in den Ebenen und den rauen Sierras der Regionen Aragón (Aragonien) und Catalunya (Katalonien), finden sich reizvolle mittelalterliche Dörfer, deren Individualität dank umsichtiger Restaurierungsmaßnahmen und überlegter Erschließung für den Tourismus erhalten blieb. In Spanien versteht man sich heute zweifellos darauf, das Historische zu wahren, und der Anblick schön restaurierter alter Bauten, wie z.B. des Bischofspalastes in Albarracín, lässt weniger gelungene Präsentationen der Vergangenheit, wie sie frühere Generationen in regionalen Museen zusammengestellt haben, vergessen.

Paradiesische Ruhe umgibt die an bewaldete Hänge geschmiegten Dörfer von Katalonien, wie etwa den kleinen Ort Rupit (Barcelona).

Albarracín

TERUEL

Die roh verputzte Fassade dieses Hauses aus dem 16. Jahrhundert (OBEN) *wird durch zierliches Schmiedewerk und ein Wappen aufgewertet. Es steht neben dem Portal de Molina und gehört zu den ältesten Gebäuden außerhalb der Befestigungsmauern von Albarracín* (RECHTS).

Obwohl der mäandernde Guadalaviar bei Albarracín noch kein großer Fluss ist, hat er sich doch tief in den für die Gegend charakteristischen Sandstein eingeschnitten. Der atemberaubend steile Felshügel, auf dem der Ort liegt, lässt das Flüsschen geradezu winzig erscheinen, und die imposanten Bauten oben am Hang verstärken diesen Effekt noch.

Die Straße nach Teruel führt durch einen Felstunnel, sodass das bezaubernde mittelalterliche Flair des Ortes weitgehend unbeeinträchtigt geblieben ist. Die Gassen winden sich zwischen alten Häusern mit vorspringenden Obergeschossen, die sich einander zuneigen, den Hang hinauf. Viele Gebäude sind aus dem Sandstein errichtet, der in der Umgebung gebrochen und nach seiner rötlichen Farbe *rodeno* genannt wird. Die Stadtmauer wurde mit einem ebenfalls roten Putz versehen, der in der Nähe des Dorfes aus eben diesem Stein gewonnen wird; das Ergebnis fügt sich harmonisch in die Felslandschaft ein.

Aufgrund seiner strategisch günstigen Lage wurde Albarracín nach der arabischen Invasion von Süden her zu einem Stützpunkt der Mauren, die, weil die luftige »Adlernestposition« allein nicht ausreichend Schutz vor feindlichen Übergriffen von den umliegenden Hängen her bot, auf dem Hügelkamm Befestigungen errichteten. Der Aufstieg zu diesen gut erhaltenen *murallas* empfiehlt sich allein schon wegen des großartigen Rundblicks auf die atemberaubende Landschaft ringsum.

Als die Herrscherdynastie der Beni Razin Albarracín im 11. Jahrhundert zur Hauptstadt ihres Reiches erhob (auf ihren Namen geht der des Dorfes zurück), erlebte der Ort eine Blütezeit. Und auch nachdem die Christen die Mauren wieder verdrängt hatten, verlor Albarracín nicht an Bedeutung: Zu den bereits vorhandenen Pfarrkirchen kam eine große Kathedrale, neben deren Kreuzgang im 18. Jahrhundert ein Bischofspalast errichtet wurde. Nach dessen sorgfältiger Restaurierung kann man heute durch seine großen Fenster denselben prächtigen Blick auf den Fluss hinunter genießen, wie er einst das Auge der früher hier lebenden Geistlichen erfreut haben dürfte.

In Albarracín vereint sich Grandeur mit ländlichem Charme.
OBEN: Am einen Ende des gewölbten Mittelschiffs der Kathedrale aus dem 16. Jahrhundert thront eine majestätische Orgel.
RECHTS UND GANZ RECHTS: Im Schatten der Kathedrale stehen schlichte Fachwerkhäuser mit rötlich verputzten Mauern und hübsch dekorierten Balkons.
SEITE 21: Einen reizvollen Blick hat man von dieser Ecke, an der sich die Casa de la Julieneta zwischen zwei mittelalterlichen Gassen erhebt; die eine führt aufwärts zur Kirche Santiago, die andere abwärts zur Plaza Mayor.

LINKS: Durch seine geschützte Hügellage war Albarracín dazu prädestiniert, den Kelten, den Römern, den Mauren und den Christen, die nacheinander die Gegend beherrschten, als Festung zu dienen.
UNTEN: Im 10. Jahrhundert legten die Mauren zusätzliche Befestigungsmauern, so genannte murallas, *auf dem Hügelkamm an.*
RECHTS: Später errichtete man ganz oben am Hang Wohnhäuser, deren Rückwand die alte Mauer bildet.

Alquézar

HUESCA

Bereits die Fahrt nach Alquézar ist ein Erlebnis. Folgt man der Straße, die an der ungeschützten Seite eines nahe gelegenen Hügels bergan führt, hat man urplötzlich eine trutzige Burg aus dem 12. Jahrhundert vor sich, in deren Schatten sich eine Gruppe kleiner Häuser zusammendrängt. Einst erhob sich auf dem Kalkfelsen der *alcázar,* eine maurische Festung, die jedoch von König Sancho Ramírez von Aragonien im Zuge der Reconquista am Ende des 11. Jahrhunderts restlos zerstört wurde.

Obwohl das kleine Dorf nur knapp dreihundert Einwohner zählt, kann man sich leicht darin verlaufen. Die Gassen führen kreuz und quer durch den Ort, oftmals durch Bogengänge, die auch als Verbindung zwischen den oberen Stockwerken einander gegenüberliegender Häuser dienen. Angeblich war es früher möglich, das ganze Dorf zu durchqueren, ohne auch nur ein Mal den Fuß auf den Erdboden zu setzen. Nach der labyrinthischen Enge der Gassen, die ihren eigenen Reiz hat, ist der Aufstieg zum Tor der Burgmauer ein Genuss. Von dort geht es im steilen Zickzack weiter zur Festung, wo der Fels an zwei Seiten steil zum Río Vero abfällt. Von den zinnenbewehrten Mauern bietet sich ein atemberaubender Blick in die schwindelerregende Tiefe und auf das Kalksteinmassiv ringsum.

Sancho Ramírez gründete hier, um seine Herrschaft zu festigen, den militärisch-religiösen Ritterorden La Canónica de Santa María. Von der Ordenskirche innerhalb der Mauern ist nur ein Kreuzgang mit wunderschönen romanischen Säulen erhalten. Szenen, überwiegend aus dem Alten Testament, zieren die Kapitelle; die Wandmalereien mit Motiven aus dem Neuen Testament sind jüngeren Datums. Ansonsten ist die heutige Kirche Santa María ein Nachfolgebau aus dem 16. Jahrhundert – weitläufig, aber ohne überladene Ausschmückung. Zusammen mit dem alten Kreuzgang, der sozusagen ihren Innenhof darstellt, bildet sie ein harmonisches Ensemble.

LINKS: Oberhalb der Häuser des Dorfes thront die im 16. Jahrhundert errichtete Stiftskirche. Sie erhebt sich auf den Grundmauern der maurischen Festung (alcázar), *die dem Ort den Namen gab.*
RECHTS: Relativ offen wirkt die Calle Baja, obwohl auch hier die Häuser wie miteinander verwachsen sind.

LINKS: Die Nordseite des Kreuzgangs der Colegiata ist höchstwahrscheinlich ihr ältester Teil.
UNTEN: Blick von unten auf die Südfassade der Stiftskirche; die Bögen des Kreuzgangs gliedern den oberen Bereich. Der angrenzende Turm, der einst Teil der Befestigungen war, dient heute als Glockenturm.
RECHTS UND RECHTS UNTEN: Der kunstvolle Skulpturenschmuck der Kapitelle im Kreuzgang zeigt Szenen aus dem Alten und dem Neuen Testament.

FOLGENDE DOPPELSEITE LINKS: Die Fresken im Kreuzgang, so z.B. diese Taufe Christi, stammen aus dem 15./16. Jahrhundert.
FOLGENDE DOPPELSEITE RECHTS: Der Westteil der Kirche beeindruckt durch seine räumliche Gliederung und durch reizvolle Lichteffekte; in der Seitenkapelle befinden sich sehenswerte Modellhäuser.

Habitacions Maria
amb bany, calefacció i televisió
Bar-Restaurant Curia Reial
DIADEMA
DIADEMA
COPLACA
GRANA
DIADEMA
GRANA
GRANERO

Besalú

GIRONA

LINKS: Der Wochenmarkt, der seit Jahrhunderten jeden Dienstag auf der Plaça de la Llibertat in Besalú stattfindet, zeugt von lebendigen Traditionen.
UNTEN: Die berühmte abgewinkelte Brücke geht auf die Anfänge des 11. Jahrhunderts zurück. Etwa zweihundert Jahre später kamen zwei Wehrtürme hinzu; der eine bildet den Portal del Pont genannten Zugang zum Ort.

Den Hauptzugang von Besalú, einem der besterhaltenen mittelalterlichen Dörfer Spaniens, bildet seit dem 11. Jahrhundert eine eigenwillig gestaltete Brücke: Sie knickt nach dem ersten Drittel seitlich ab und überspannt in mehreren Bögen den Fluss Fluvià. Als der Ort unter der Herrschaft der Grafen von Barcelona seine Blütezeit erlebte, wurde die Brücke mit einem Torhaus versehen, an dem Reisende und Händler einen Wege- und Warenzoll zu entrichten hatten. Meist fließt das Wasser ruhig dahin, in der Vergangenheit kam es jedoch häufiger vor, dass der Fluss stark anschwoll und die Brücke mitriss. Während des Spanischen Bürgerkriegs wurde sie teilweise gesprengt und danach wieder aufgebaut. Seit der letzten Restaurierung präsentiert sie sich in alter Schönheit.

Von der Brücke aus betritt man das verwinkelte jüdische Getto, Call genannt. Wie sich anhand von Urkunden belegen lässt, stand die jüdische Gemeinde von Besalú in königlicher Gunst und erhielt eine Sondergenehmigung zum Bau einer Synagoge, von der jedoch keine Überreste gefunden wurden. Dafür machte man im Jahr 1964 eine interessante Entdeckung: ein Badehaus, das den Juden ab dem 11. Jahrhundert für ihre rituellen Waschungen diente und mittlerweile restauriert wurde.

In den Straßen und auf den Plätzen von Besalú geht es eher ruhig zu; selbst dienstagvormittags, wenn sich auf den beiden Hauptplätzen die Marktstände aneinander reihen, hat man das Gefühl, alles wäre noch wie früher. Die kleinere und ältere Plaça de la Llibertat ist an zwei Seiten von Arkaden gesäumt. Der größere Platz, Prat de Sant Pere genannt, befindet sich an der Stelle des ehemaligen Friedhofs der großen Klosteranlage Sant Pere, von der heute nur noch die Kirche existiert. Das grandiose Gotteshaus zählt zu den bedeutendsten Sakralbauten Spaniens aus dem 12. Jahrhundert. Während seine elegante Fassade keinen eindrucksvollen Eingang aufweist, wartet das gleich um die Ecke liegende Hospital de Sant Julia, eine ehemalige Kirche, mit einem überraschend imposanten romanischen Portal auf, das wahrscheinlich nach der Auflösung des Klosters hier neue Verwendung fand.

SEITE 32: Die verschwiegene Calle Tallaferro wurde nach einem Adligen benannt, der das Dorf im 11. Jahrhundert in Lehnspflicht nahm. Die Straße durchzieht das alte Judenviertel und führt zum ehemaligen Standort der Burg.
DIESE SEITE: An Markttagen bietet sich nicht nur Gelegenheit zum Einkaufen, sondern auch für einen Schwatz.

Oben: An der höchsten Stelle von Besalú stand vor langer Zeit die Trutzburg der Grafen von Girona. Von der Burg ist nichts mehr erhalten; aus ihren Steinen wurde Ende des 12. Jahrhunderts die Kirche Santa María erbaut, die sich heute dort erhebt.
Rechts: Zur Zeit der gräflichen Herrschaft musste man am ersten Torhaus auf der Brücke Zoll entrichten.

Oben: Steile, verwinkelte Gassen führen hinauf zur Kirche Santa María ganz oben auf dem Hügel. Rechts: Von der Südseite der Kirche aus blickt man hinab zum Hafen und zu dem Inselchen Riba d'en Pitxot.

Cadaqués

GIRONA

Seit jeher gilt die *finis terra,* die am weitesten ins Meer ragende Spitze eines Landes, als sagenumwobener Ort. In Ostspanien fällt diese Rolle dem Cabo de Creus (Kap Kreus) zu, dem östlichsten Mittelmeerausläufer der Pyrenäen. Obwohl das Kap nicht von wilden Atlantikwellen, sondern von den vergleichsweise ruhigen Fluten des Mittelmeeres umspült wird, ist es nicht minder zerklüftet als sein Gegenstück im Westen, das Kap Finisterre.

Auf der Landspitze des Kap Kreus liegt der Küstenort Cadaqués, dessen Bewohner vom Fischfang leben. Zahlreiche Fischrestaurants säumen den Küstenweg, der sich an kleinen Buchten und ebenso kleinen Stränden entlangwindet. Hier kann man Meeresfrüchte vom Feinsten genießen, den Blick über die im Hafenbecken vertäuten, in der Sonne vor sich hin dümpelnden Fischerboote schweifen lassen und später vielleicht einen kleinen Spaziergang durch das Labyrinth der alten kopfsteingepflasterten Sträßchen hinter dem Küstenweg unternehmen oder über eine Treppengasse zur schönen Renaissancekirche Santa María hinaufsteigen.

Das von bizarren Felsformationen umgebene, in flirrendes Sonnenlicht getauchte Fischerdorf schlug ab der zweiten Hälfte des 19. Jahrhunderts zahlreiche Künstler in seinen Bann. Der wohl berühmteste unter ihnen war Salvador Dalí: Er ließ sich im benachbarten Port-Lligat mit seinen einfachen Fischerhäuschen und dem winzigen Strand an der Spitze des Kaps nieder. Dalís Anwesenheit dürfte den Einheimischen, die von der originellen Selbstvermarktung ihres katalanischen Landsmannes beeindruckt waren, gelegen gekommen sein. Sein Haus beherbergt heute ein sehenswertes Museum, in dem man u.a. einen Spiegel bestaunen kann, den der Maler so aufgestellt hatte, dass er morgens vom Bett aus darin die Sonne aufgehen sah und sich so in der Illusion wiegen konnte, als Erster die Sonne über Spanien zu erblicken.

Der alte Ortskern von Cadaqués zieht sich von der Kirche Santa María nach unten bis zum Hafen.

DIESE SEITE: Unweit des belebten Hafens von Cadaqués finden sich stille Oasen, wo man seinen Gedanken nachhängen kann.
SEITE 41: Hinter der eher schlichten Fassade der Kirche Santa María erwartet den Besucher ein barockes »Feuerwerk« in Form eines monumentalen vergoldeten Holzaltars.

Diese Doppelseite: Salvador Dalí, ein überzeugter, dennoch kritischer Anhänger Freuds, erklärte seine »paranoisch-kritische Methode« zum Schlüssel seiner Kunst. Wer sich ein wenig mit Dalís künstlerischen Theorien beschäftigt hat, wird die Formensprache der Einrichtung seines Hauses in Port-Lligat zu deuten und zu schätzen wissen.

Folgende Doppelseite links: Wie von der Hand eines Surrealisten geschaffen wirkt die an eine Mondlandschaft erinnernde zerklüftete Felsküste bei Cadaqués.
Folgende Doppelseite rechts: Zwischen den Felsen liegen kleine sandige Buchten wie die Platya S'aranella, in der alte Fischerboote lagern.

Deià

BALEAREN

Die Straße nach Deià (Deya) folgt in vielen Kurven der schönen mallorquinischen Westküste. Wer es nicht allzu eilig hat, den auf einem Hügel gelegenen malerischen Ort zu erreichen, besteigt in der Inselhauptstadt Palma eine altertümliche Bahn aus den 1920er-Jahren zum benachbarten Sóller. Bei dieser langsamen Reisevariante stellt sich der Kreislauf allmählich auf den Luftdruckabfall ein, während der Zug gemächlich an Orangen- und Zitronenbäumen vorbeirattert. Hin und wieder streifen deren Äste die Holzwaggons, verströmen aromatische Düfte und erzeugen reizvolle Licht-und-Schatten-Effekte.

Deià mit seiner schlichten Schönheit erweist sich – insbesondere bei schönem Wetter – als ein wahrer Augenschmaus. Die Häuser sind aus dem in der Umgebung gebrochenen Stein gebaut, sodass sich, wenn man über die Olivenhaine zum Meer hinabblickt, ein subtiles Zusammenspiel von Ocker-, Grün- und Blautönen ergibt.

Die auf maurische Zeiten zurückgehenden offenen Bewässerungskanäle werden noch heute genutzt. Arabischen Ursprungs sind auch manche der Gärten mit Mandel- und Obstbäumen. Jedes noch so winzige Stück fruchtbaren Bodens, das die Menschen durch geduldiges Terrassieren an den Hängen gewonnen haben, wird hier kultiviert.

An der höchsten Stelle des Hügels steht eine von Wohnhäusern umstandene alte Kirche. In deren Nähe befindet sich das Grab des englischen Dichters Robert Graves, der nahezu fünfzig Jahre in Deià lebte. Von hier kann man den Blick landeinwärts zur Sierra de Tramuntana schweifen lassen, deren höchster Gipfel, der Teix unweit von Deià, über tausend Meter hoch ist.

SEITE 46: Die atemberaubende Landschaft um Deià zog etliche Schriftsteller und andere Künstler an, die sich hier niederließen.
LINKS OBEN: Fliesenmalerei in der Ortskirche.
LINKS UND OBEN: Häuser und Mauern aus Naturstein fügen sich harmonisch in die Gebirgskulisse der Sierra de Tramuntana.

Diese Seite und Seite 49 unten: Dank intensiver Sonneneinstrahlung und ständiger Bewässerung sieht man in Deià und seiner steinigen Umgebung an vielen Stellen üppige Blütenpracht und sattes Grün.

Ganz links: Ein farbenfroher Marienaltar ziert eine schlichte Hausfassade.
Links: In der Pfarrkirche kann man u.a. diesen kunstvoll gestalteten Leuchter bewundern.

El Palmar

VALENCIA

Während man ein kleines Stück weiter östlich auf Hotelburgen trifft, zeigt sich in den Feuchtgebieten südlich von Valencia, dass die Bevölkerung hier alten Traditionen treu geblieben ist. Die heute geschützte Süßwasserlagune Albufera, ein etwa 18 000 Hektar umfassendes schilfreiches Marschland, wird vielfältig, jedoch stets mit Respekt vor der Natur genutzt. Entlang den schmalen Kanälen sind Aalfischer zu sehen, oft auf traditionellen Segelbooten, und wenn die Saison eröffnet ist, macht man Jagd auf Wildvögel. Zudem wird hier der beste Reis Spaniens angebaut. Die hundert Quadratmeter großen Parzellen sind durch ziegelsteinbreite Mäuerchen voneinander abgegrenzt. Von weitem könnte man die mit bloßen Füßen an diesen Dämmen entlangwatenden Reisbauern für tollkühn halten, bis man sich vergegenwärtigt, dass das Wasser gerade mal ein paar Zentimeter tief ist. An die in gleich große Quadrate gegliederte Wasserlandschaft grenzt das Dorf El Palmar an, das nur vier Straßen breit ist, dafür viele Häuserzeilen lang. Schmale Kanäle säumen seine Längsseiten, und die vielen dort vertäuten Fischerboote erinnern an die Boote einer anderen Lagune: an die venezianischen *sandali*. Die Einwohner von El Palmar verdienen sich ihren Lebensunterhalt als Bauern, Fischer oder Köche und sorgen dafür, dass die Feinschmecker, die jedes Wochenende zuhauf aus Valencia kommen, nach einer ermüdenden Fahrt über schmale Dammstraßen und noch schmalere Bücken in einem der zahlreichen Restaurants das spanische Nationalgericht, die Paella, genießen können.

Dieser Bauer versorgt seine Reispflänzchen nach Methoden, deren Ursprünge im 13. Jahrhundert liegen. Die Reisfelder, arrozales *genannt, sind durch niedrige Ziegelmäuerchen gegliedert.*

Oben links, oben und rechts: Wegen der beliebten Paella-Restaurants geht es in den Hauptstraßen von El Palmar oft lebhaft zu. An den parallel verlaufenden Kanälen prägt hingegen Beschaulichkeit das Bild.
Links: Eine besondere Attraktion sind kleine Mietkutschen, mit denen man den Ort erkunden kann.

Montblanc

TARRAGONA

LINKS: Zwei Drittel der im 14. Jahrhundert erbauten Befestigungsmauer von Montblanc sind noch intakt. UNTEN: Die von der Kirche beherrschte Plaça Mayor liegt friedlich im alten Dorfkern auf der Hügelkuppe.

Montblancs Blütezeit begann im Jahr 1163, als König Alfons I. von Spanien Pere Berenguer de Vilafranca befahl, die Bewohner des Ortes ans andere Ufer des Francolí umzusiedeln. Dort erhebt sich nämlich ein kleiner Hügel namens Plá de Santa Barbara, der für die Anlage einer Burg günstige Voraussetzungen bot. Ihre Überreste findet man heute oberhalb der Kirche Santa María. Zwei Jahrhunderte später war der in den Rang eines Herzogtums erhobene und beim König in hoher Gunst stehende Ort längst über die alten Burgmauern hinausgewachsen, und man errichtete eine neue *muralla*. Seit jener Zeit beherbergt die noch weitgehend erhaltene Umschließungsmauer ein höchst sehenswertes Gassenlabyrinth.

Zwischen der nach wie vor als Hauptkirche dienenden, in den glanzvollen Jahren im gotischen Stil umgestalteten Kirche Santa María und dem romanischen Gotteshaus San Miguel liegt das ausgedehnte Judenviertel. Bis zur Reconquista war es keine Seltenheit, dass merkantile Dorfgemeinschaften sich überwiegend aus arabischen und jüdischen Zuwanderern zusammensetzten.

Aber die Blütezeit von Montblanc währte nicht sehr lange; im 15. Jahrhundert setzte eine rückläufige Entwicklung ein. Im 18. Jahrhundert verhalf dann der Weinbau dem Dorf zu neuem Wohlstand, dem jedoch 1893 die verheerenden Folgen der Reblausplage ein Ende setzten.

Einer katalanischen Sage zufolge soll der heilige Georg an diesem Ort den Drachen getötet haben; daher wurde er zum Schutzheiligen von Montblanc bestimmt. Obwohl er im Jahr 1867 nach einer Epidemie durch den heiligen Matthias ersetzt wurde, ehren die Dorfbewohner Georg alljährlich im April mit einem einwöchigen Fest: Sie legen Trachten an, schlemmen nach Herzenslust und inszenieren in mittelalterlichen Kostümen eine Drachentötung.

Diese Seite: Die ständig im Blickfeld erscheinende Befestigungsmauer hat der Dorfbevölkerung in früherer Zeit ein Gefühl von Geborgenheit vermittelt (oben). Auf Streifzügen im Schatten der Mauer entdeckt man verschwiegene Winkel mit faszinierenden Details, z.B. ein altes Fallgatter am Portal de San Tordi (rechts oben) oder eine Treppe, die von der Plaça Mayor zur Kirche Santa María führt (rechts).
Seite 57: In Montblanc zeugen stattliche Bauten von der glanzvollen Vergangenheit des Ortes, so z.B. eine herrschaftliche Villa an der Plaça Mayor (oben) und die Kirche Santa María mit ihrem prächtigen Mauerwerk (unten).

Jutjat

A POMPEV FABRA
ILLVSTRE GRAMATIC
EN COMV HOMENATGE
A LA LLENGVA CATALANA
AQVESTA INSCRIPCIO DEDIC

Peñíscola

CASTELLÓN DE LA PLANA

LINKS: Innerhalb der unter Philipp II. errichteten Befestigungsmauern liegt der verkehrsberuhigte Ortskern von Peñíscola.
UNTEN: Blick von oben auf die Calle Castillo.

FOLGENDE DOPPELSEITE: Ansichten eines von der Calle Santa Barbara abgehenden Gässchens (LINKS) und der Calle Juan José Fulladosa (RECHTS).

Die zwischen den Sandstränden der Costa del Azahar ins Mittelmeer vorspringende felsige Landzunge, auf der Peñíscola liegt, wurde ihrer drei Süßwasserquellen und der strategisch günstigen Lage wegen bereits in frühester Zeit von Siedlern als Stützpunkt geschätzt. Für die Phönizier, die Griechen und die Römer war Peñíscola ein bedeutender Warenumschlagplatz, der zudem die Möglichkeit bot, vom ursprünglichen Hafen am Nordrand des Dorfes aus die Bewegungen gegnerischer Schiffe zu beobachten.

Die Templer errichteten Ende des 13. Jahrhunderts, kurz nach der Vertreibung der maurischen Herrscher, die noch heute existierende Burg. Den einzigen Zugang bildet das massive, mit den Wappen des Ordens und des Großmeisters Berenguer de Cardona geschmückte Torhaus. Nach der Auflösung des Ordens wurde die Burg 1411 zur Residenz von Pedro de Luna aus Aragonien, der sich unter dem Namen Benedikt XIII. zum Gegenpapst erklärte, um die gespaltene katholische Kirche wieder zu vereinigen. Dass er an seinem Anspruch auf das päpstliche Amt festhielt, trug ihm den Respekt zumindest der Aragonier ein. Der auch als »Papa Luna« bezeichnete Gegenpapst glaubte bis zu seinem Tod als weit über neunzigjähriger Greis an die Rechtmäßigkeit seines Anliegens.

Anfang des 19. Jahrhunderts wurde Peñíscolas Wehrhaftigkeit mehrmals erschüttert. Während der Befreiungskriege wurden im entscheidenden Kampf gegen die bourbonischen Besetzer 60000 Kanonenschüsse abgefeuert; unter den Einwohnern von Peñíscola waren schwere Verluste zu beklagen. Von den Einschlägen der Kanonenkugeln sind heute, nach sorgfältiger Restaurierung der Burg und der Befestigungsmauern, keine Spuren mehr zu sehen. Heute wird Peñíscola nur noch von Touristen belagert, die hier gern einen Tag verbringen, um der Öde der umliegenden Ferienorte, in denen sich die Urlauber drängen, zu entfliehen. Aber so faszinierend der Ausblick von den Mauern auch ist – die Chancen, dem Flair der Vergangenheit nachzuspüren, sind auch hier gering, weil aufdringliche Souvenirhändler mit ihren Ständen die ohnehin schon schmalen Straßen des Ortes verstopfen.

Diese Doppelseite: Die friedvollen Gassen mit balkongeschmückten Häusern nahe der Plaza Blas Perez (Seite 62 und links) und die altehrwürdige Kirche Nuestra Señora de Ermitana (links oben) prägen Peñíscolas Erscheinungsbild ebenso wie die von einer bewegten Vergangenheit zeugenden zinnenbewehrten Mauern (oben).

LINKS: Der Südseite von Peñíscola sieht man deutlich an, dass das Dorf die Funktion eines Stützpunktes hatte. Von der Befestigungsmauer bis zur restaurierten mächtigen Burg oben auf dem Hügel strahlt es Verteidigungsbereitschaft aus.
OBEN: Zu beiden Seiten des Vorgebirges erstrecken sich moderne Feriensiedlungen, hier vom Fortin del Bonete aus gesehen.

CAN MONICA
3

Rupit

BARCELONA

Rupit liegt verborgen in den Wäldern am Rand der Provinz Barcelona. Welten trennen das abgeschiedene, einfache Dorf von der Metropole, die, nur hundert Kilometer entfernt, unaufhaltsam weiterwächst. Nach langer, kurvenreicher Fahrt stellt man das Auto ab und geht über eine Hängebrücke ins Dorf hinein, wo man auf der einzigen gepflasterten Straße den Flusskrümmungen folgt. Die sich verjüngende Straße führt zur Kirche, die man im Vorübergehen leicht übersieht; von weitem dagegen ist sie an ihrem achteckigen Glockenturm gut zu erkennen.

Hinter der Kirche öffnen sich die kleine, von Steinhäusern mit Balkons gesäumte Plaza Mayor und ein weiterer, noch kleinerer Platz, von dem keine Wege abzweigen. Neben der Kirche beginnt die gepflasterte »Hauptader« des Ortes, der in unregelmäßigen Windungen aufwärts steigende Carrer del Fossar. Er geht in eine Treppe über, die auf die Plaza Cavaliers führt, wo man eine Atempause einlegen und den schönen Blick auf die umliegenden Wälder genießen kann. Im Wald unweit von Rupit finden sich, dem Blick entzogen, die Überreste mehrerer alter Kapellen, die man über markierte Wege erreicht. Von der Plaza aus sichtbar ist die vor kurzem restaurierte Einsiedelei Santa Magdalena ganz in der Nähe des Dorfes.

Die Annahme, Rupit sei weit und breit das einzige Dorf, erweist sich als falsch: Durchquert man den Wald in nordwestlicher Richtung, erreicht man das benachbarte winzige Pruit, dessen Name ein Anagramm von Rupit darstellt. In einsamer Hügellage erhebt sich dort eine schöne, aber selten genutzte Kirche mit achteckigem Turm, außerdem finden sich hier ein Friedhof und ein einzelnes Gehöft.

Von der Hauptstraße des Dorfes aus, die dem Flüsschen Rupit folgt und von schmucken Häusern gesäumt ist, führt der Carrer del Fossar an der Pfarrkirche vorbei.

Seite 68: Die dem Erzengel Michael geweihte Dorfkirche stammt aus dem 13. Jahrhundert. Der achteckige Glockenturm wurde Ende des 18. Jahrhunderts angefügt.
Oben: Auf diesem Balkon im ersten Stock eines Hauses am Carrer de l'Eglesia sind unentbehrliche Gegenstände des ländlichen Alltags zu sehen, darunter Seilkörbe zum Hochziehen von Lasten.
Ganz links und links: Am Carrer del Fossar kontrastieren blühende Pflanzen reizvoll mit verwitterten Mauern.

Das Spiel des Lichts erzeugt hübsche Effekte: Ein Balkon unter einem vorspringenden Dach (OBEN) und eine Loggia im Obergeschoss eines alten Hauses (RECHTS) liegen im angenehm kühlen Schatten, während die Umgebung in helles Sonnenlicht getaucht ist.

LINKS: Dafür, dass Ferdinand II. von Aragonien 1452 in Sos geboren wurde, was im 20. Jahrhundert durch eine Erweiterung des Dorfnamens gewürdigt wurde, ist der Ort recht unverfälscht geblieben. So hat er z.B. für ein Dorf ungewöhnlich schöne Wohnhäuser zu bieten.
OBEN: Kunstvolle Steinmetzarbeiten zieren das Portal der Kirche Sant Esteban.
RECHTS: Blick über die Dächer von Sos – ein Mosaik aus alten Terrakottaziegeln.

Sos del Rey Católico

ZARAGOZA

In den 1920er-Jahren erweiterte man den Namen von Sos, um dem berühmtesten Sohn des Ortes, wenn auch mit fast fünfhundert Jahren Verspätung, Reverenz zu erweisen: Ferdinand von Aragonien hatte 1452 in dem Hügeldorf das Licht der Welt erblickt. Der junge Thronerbe lebte nicht allzu lange in Sos: Mit 17 heiratete er Isabella I. von Kastilien und regierte mit ihr das zu jener Zeit fast geeinte Spanien. Sein Geburtshaus, der wappengeschmückte Palacio de los Sada, ist in den schmalen Gassen unterhalb der Plaza Mayor nicht ganz leicht zu entdecken.

Das Dorf ist von einer mächtigen Mauer umschlossen, wie man sie einst in vielen bedeutenden Stützpunkten an der Grenze zu Navarra erbaute. Es gibt mehrere Tore, durch die man nach oben zur Festung gelangt – ob man nun einen kurzen steilen Anstieg wählt oder einem längeren und dafür nicht ganz so anstrengenden Spaziergang den Vorzug gibt. Am Bergfried angekommen, kann man von der befestigten Esplanade aus wunderschöne Ausblicke genießen. Nach der großen Hauptkirche San Esteban allerdings späht man vergebens aus: Sie scheint wie vom Erdboden verschluckt. Folgt man jedoch einer Reihe von überwölbten Durchgängen, rückt unversehens ihr romanisches Portal ins Blickfeld. Die Häuser des Dorfes und seine später errichteten Befestigungen befinden sich samt und sonders oberhalb der Kirche, die dadurch – trotz ihrer kathedralenartigen Ausmaße – sozusagen »im Hügel verschwindet«. In ihrem Hauptschiff befindet sich eine kleine Tür, durch die man über eine Wendeltreppe in die Krypta aus dem 11. Jahrhundert gelangt.

LINKS: Blick von der Kapelle Santa Lucía auf Sos del Rey Católico mit seiner Festung.
OBEN: Abgetretenes Pflaster und verwitterte Holztüren – die Jahrhunderte haben ihre Spuren hinterlassen.

Andalusien

Die weitläufigen Orangenhaine bei Grazalema (OBEN) und die Weinberge in der Umgebung des Dorfes Montilla nahe Córdoba (RECHTS) profitieren gleichermaßen von Bewässerungsmethoden, die von den Mauren entwickelt wurden.

Der stolze, unabhängige Charakter ist ein Zug, den alle Spanier gemeinsam haben, wobei die regionale Individualität stets hochgehalten wird. Besonders ausgeprägt ist dieses Bewusstsein im Süden. Andalucía (Andalusien), für das die Araber den Namen Al-Andalus prägten, steht für eine ausgedehnte, abwechslungsreiche Region vom fruchtbaren Tal des Guadalquivir über die bergige Sierra Nevada bis hin zur über achthundert Kilometer langen sonnenverwöhnten Küste. Obwohl das Katholische Königspaar die kampflose Übergabe Granadas durch den letzten maurischen Herrscher Boabdil im Jahr 1492 als Triumph feierte, ließ sich die arabische Kultur durch die Rückeroberung dieser letzten Maurenbastion nie ganz verdrängen. Die über sechshundertjährige Herrschaft der Araber hat Spaniens Süden so stark geprägt, dass man – insbesondere angesichts der weiß gekalkten Hauskuben im Bergland – oft den Eindruck hat, der europäische Charakter sei allenfalls Tünche. Und dennoch ist Andalusien im Wesen zweifellos spanisch. Von der staubigen Hitze des jenseits von Gibraltar aufscheinenden Marokko ist hier nichts zu spüren. Der herrlichste Sonnenschein, üppige Gärten und leise vor sich hin plätschernde Springbrunnen verleihen Andalusien eine Atmosphäre, die einst wie heute die dichterische Fantasie inspiriert.

Almonaster la Real schmiegt sich in einen stillen Winkel des bewaldeten Hügellandes im Westen Andalusiens nicht sehr weit von der Grenze zu Portugal entfernt.

Alcalá la Real

JAÉN

Alcalá, die eindrucksvollste maurische Feste im Umland Granadas, gehörte wie die benachbarten Festungen Alcaudete und Locubín zu einem Gürtel, der die letzten islamischen Hochburgen, insbesondere die fünfzig Kilometer entfernte Stadt Granada im Herzen von Al-Andalus, gegen Übergriffe der Christen schützen sollte. Die günstige Lage Alcalás auf einem steil aufragenden Felsen ermöglichte es den Mauren, das fruchtbare Tal des Guadalquivir und zugleich die von Norden nach Granada führenden Wege zu kontrollieren. Über sechshundert Jahre lang erhielten sie ihre Stützpunkte aufrecht.

Die am Fuß des Südhangs verlaufende Hauptstraße von Alcalá führt zum schattigen Paseo de los Alamos, einem beliebten Treffpunkt der alten Dorfbewohner. Vom Paseo aus steigt der Weg zur Festung, La Mota genannt, steil an. Je höher man kommt, desto älter wirken die Gassen und Häuser. Hat man die Kirche San Juan unterhalb der Festungsmauer erreicht und legt eine kurze Rast ein, erblickt man um sich herum fast nur noch nordafrikanisch anmutende weiße Hauskuben.

Auf dem Weg in die Festung hinein passiert man drei Torhäuser und läuft durch klaustrophobisch schmale Gänge im Schatten hoher Mauern, von denen aus die Verteidiger der Festung früher die Eindringlinge unter Beschuss nahmen. Drei Türme bewachen die eigentliche Burg und einen von einem wuchtigen Bergfried geschützten Innenhof. Eine etwas tiefer liegende Ausgrabungsstätte vermittelt einen ungefähren Eindruck von der Größe der alten Siedlung, die sich einst auf dem geschützten Plateau befand; die Funde lassen vermuten, dass es sich um einen befestigten Ort mit zahlreichen Bewohnern handelte.

Das heutige Dorf wirkt still und abgeschieden, gleichsam bewacht von der Kirche Santa María la Mayor innerhalb der Festungsmauer. Auch im Innern der Kirche, die aus dem 16. Jahrhundert stammt, hat man Grabungen vorgenommen. Im Bereich des Hauptschiffs wurden nicht nur Überreste einer alten Siedlung freigelegt, man fand auch Mauern einer gotischen Kirche und darunter zwei römische Gräber sowie zwei Brunnen.

Nachdem die Festung jahrhundertelang in maurischer Hand war, wechselte sie im 12. Jahrhundert mehrmals den Besitzer und wurde schließlich 1341 von christlichen Truppen unter König Alfons XI. eingenommen. Von hier aus brach das Katholische Königspaar nach Granada auf, um aus der Hand Boabdils den begehrten Schlüssel der Stadt entgegenzunehmen.

OBEN: Die Kirche San Juan steht auf einer Anhöhe etwas unterhalb der wuchtigen Festung La Mota, die den Mauren lange als Stützpunkt diente.
RECHTS: Blick von der Festung nach Osten.

Pescaderia
PESCADERIA

SEITE 82: Vormittags trifft man sich auf dem Paseo de los Alamos und tauscht Neuigkeiten aus.
LINKS OBEN: Alcalá ist stark von seiner Vergangenheit geprägt. Im Schiff der Kirche innerhalb der Festungsmauer hat man bemerkenswerte Überreste aus der Römerzeit freigelegt.
LINKS: Über diese Treppe gelangt man zum ersten der drei befestigten Torhäuser.
OBEN: Die freigelegten Grundmauern innerhalb der Festung lassen Rückschlüsse auf die Größe der alten Siedlung zu.

Almonaster la Real

HUELVA

Selbst für Kenner der abwechslungsreichen andalusischen Landschaft gibt es im Hinterland nördlich von Huelva noch viel Neues zu entdecken. Auf dem Weg in das abgelegene, friedliche Gebiet im äußersten Westen Andalusiens durchquert man, vom westlichen Teil der spanischen Südküste kommend, das Landesinnere gen Norden. In zahlreichen Windungen schraubt sich die Straße höher, wobei sich zwischen den Bäumen immer wieder spektakuläre Blicke auf die Ausläufer der Sierra de Aracena eröffnen. Sogar weit oben sind die Hänge noch dicht mit Kastanien, Eichen und Korkeichen bewachsen; entsprechend mild ist das Klima im Vergleich zu anderen Sierras mit kargerem Bewuchs.

Nach einer Straßenbiegung erblickt man schließlich ein weißes Bergdorf: Almonaster la Real (arabisch: al-Munastyr). Die Ruine seiner Festung birgt eine Moschee, die auf den Grundmauern einer spätantiken Klause *(monasterium)* steht, die wiederum über einem westgotischen Tempel errichtet worden war. Der Aufstieg vom Dorfrand aus entlang einem steilen Pfad lohnt, denn die tausendjährige Moschee ist wie durch ein Wunder in bestem Zustand erhalten. Gleich nebenan liegt eine Stierkampfarena; sie wurde im 19. Jahrhundert aus den Steinen der Festung gebaut. (Es gibt noch eine weitere in der Umgebung.)

Im beschaulichen Dorf unterhalb der Festung beeindruckt die hübsche Pfarrkirche im Mudejarstil, die dem heiligen Martin geweiht ist. Nicht weit davon öffnet sich die große Plaza del Llano; belebter aber ist die kleinere schattige Plaza Constitución, die zwischen dem stattlichen Rathaus und der kleinen Ermita de la Trinidad »eingeklemmt« liegt. Hier drehen nach der Schule Rollschuh laufende Kinder ihre Runden um den Brunnen, während ältere Dorfbewohner auf Bänken beisammensitzen und die Siesta genießen.

Die wald- und wasserreiche Umgebung von Almonaster wurde ab der frühen Bronzezeit immer wieder neu besiedelt. Eine Burg, eine Moschee, eine Klause und eine Stierkampfarena zeugen von unterschiedlichen Besiedlungsphasen.

OBEN: Um die Mittagszeit verleihen die Leere und die geschlossenen Fensterläden der Plaza San Cristóbal etwas Kulissenhaftes.
RECHTS OBEN: Auf der Plaza San Cristóbal steht die Pfarrkirche San Martín. Ihr Portal im Emanuelstil stammt aus dem 16. Jahrhundert.
RECHTS: Bevor die Kirche gebaut wurde, fanden die Gottesdienste in der Moschee statt. Ihr Inneres samt Gebetsnische (mihrab) *ist gut erhalten.*
SEITE 87: Almonaster hat noch ein weiteres Gotteshaus: die hübsche Kapelle La Trinidad aus dem 18. Jahrhundert. Sie steht an der von Bäumen gesäumten Plaza Constitución.

Drei Alpujarras-Dörfer liegen malerisch am Hang der Schlucht von Poqueira. Von unten nach oben sind dies Pampaneira, Bubión (OBEN) und schließlich das den Himmel berührende Capileira (RECHTS).

Capileira

GRANADA

Dass (zumindest der Landkarte nach) ganz in der Nähe von Granada eine der urwüchsigsten und am wenigsten beachteten Regionen Spaniens liegt, mag manchen überraschen. Selbst bei den heutigen verbesserten Straßenverhältnissen gerät die Fahrt von Granada nach Südosten in die bergige Sierra Nevada zur Strapaze.

Es verwundert daher nicht, dass die Gegend im 16. Jahrhundert Verfolgten als Zuflucht diente. Die Morisken (Spanier arabischer Abstammung) fanden hier Unterschlupf, nachdem Philipp II. sowohl ihre Sprache als auch das Tragen ihrer traditionellen Kleidung verboten hatte. Abseits der christlich beeinflussten Gebiete konnten sie hier ihren Widerstand organisieren. 1571 schlugen Philipps Truppen einen Aufstand der Morisken nieder. Trotzdem zogen sich die Unruhen und Kämpfe noch bis 1609 hin; in diesem Jahr kam es zu einer umfassenden Ausweisung der Morisken. Die von niedrigen Trockenmauern eingefassten terrassierten Felder und Obstgärten an den steilen Hängen zeugen vom Fleiß und vom Können dieser Siedler, die hier, fast 1500 Meter über dem Meer, das Land urbar machten. Der Name der Region – Las Alpujarras – leitet sich übrigens von dem arabischen Wort *albashar* für Weideland ab.

Der individuelle Charakter, den die isoliert liegenden Orte der Gegend entwickelten, erinnert an die nordafrikanischen Bergdörfer im Atlasgebirge; dies gilt insbesondere für Capileira, Bubión und Pampaneira, die malerisch am Hang der Poqueira-Schlucht liegen. Schmale steile Gassen überwinden das Gefälle zwischen den weiß gekalkten Häusern, die so dicht beieinander stehen, dass sie wie zusammengewachsen wirken. Die im kunstvollen Mudejarstil gehaltene Kirche von Capileira, Nuestra Señora de la Cabeza, beherbergt eine polychrome Madonna (ihre Namensgeberin), die einst vom Katholischen Königspaar gestiftet wurde. Alljährlich am letzten Aprilsonntag wird sie feierlich durch das Dorf getragen. Am 5. August unternehmen die Einwohner von Capileira eine aufwändigere Wallfahrt und pilgern den elf Kilometer langen, in Serpentinen verlaufenden Weg zum 3400 Meter hoch gelegenen Pico Veleta hinauf.

Ganz oben und oben: *In den steilen Gassen stehen die Häuser dicht an dicht.*
Rechts: *Auf der Plaza Calvario vergnügen sich zu Beginn der Karnevalszeit verkleidete Kinder.*

Grazalema

CÁDIZ

Grazalema mit seinem schmucken, an einem belebten Platz gelegenen Rathaus blickt auf eine wechselvolle Vergangenheit zurück. Die Lage des Ortes an der Grenze des Kalifats Granada veranlasste die Mauren, ihn durch eine Mauer zu befestigen. Sie nannten das Dorf zunächst Ben-Zalema und später Gran-Zalema.

Im Jahr 1485 fiel der Ort an den Herzog von Arcos, Rodrigo Ponce de León, und kam, nunmehr wieder in christlicher Hand, zu Wohlstand. Im 18. Jahrhundert hatte Grazalema zehntausend Einwohner und vier Kirchen. Die Landwirtschaft blühte, und als man aus heimischer Wolle Decken herzustellen begann, auch die Weberei. Des Öfteren allerdings suchten Räuber, die sich vor dem Zugriff der Justiz im Gebirge verbargen, den Ort heim. Später wurde die Einwohnerschaft durch Napoleons Truppen so stark dezimiert, dass sich das Dorf nicht mehr selbst verteidigen konnte. Dokumente belegen, dass die Einwohner gegen Ende des 19. Jahrhunderts unter vagabundierenden Räuberbanden, gewalttätigen Geheimbünden und der Wut unzufriedener Arbeiter zu leiden hatten. Auch der Bürgerkrieg und seine Folgen – Arbeitslosigkeit und Lebensmittelknappheit – trafen Grazalema wie viele andere Gemeinden Andalusiens hart.

In den letzten dreißig Jahren hat die Einwohnerzahl wieder zugenommen, und Grazalema stieg zu einem Ausflugsort auf: Ein Teil der Urlaubermassen, die Jahr für Jahr die Costa del Sol belagern, lässt sich von den »weißen Dörfern Andalusiens« ins Bergland locken. Auch die Weberei kam wieder in Schwung. Unter den Urlaubern finden die handgewebten Decken so viel Anklang, dass in vielen Häusern die ausgedienten alten Handwebstühle wieder in Betrieb genommen wurden.

Sommerurlauber dürften kaum etwas davon merken, dass Grazalema in der niederschlagsreichsten Gegend Spaniens liegt. Vom Atlantik her strömt feuchte Luft über die Bucht von Cádiz ins Landesinnere und bildet Wolken, die sich am ersten größeren Gebirge abregnen. So kommt es, dass in Grazalema im Jahresdurchschnitt sechsmal so viel Regen fällt wie im übrigen Andalusien und doppelt so viel wie andernorts in Spanien.

LINKS: Blick auf die Pfarrkirche San José vor der Gebirgsszenerie.
OBEN: Der Dorfplatz ist ein beliebter Treffpunkt; im Hintergrund ein Wandbrunnen mit vier Wasserspeiern.

OBEN: Wo auch immer man in Grazalema geht oder steht – die Gebirgskulisse ist allgegenwärtig.
OBEN RECHTS UND RECHTS: Durch die großen Höhenunterschiede stehen Türme und Dächer versetzt zueinander.
SEITE 95: Elegante Häuser säumen die Calle Dr. Mateos Galgo, die auf die Kirche San José zuläuft.

Medina-Sidonia

CÁDIZ

Medinas Ortsbild verbindet Islam und Christentum.
LINKS: Durch den maurischen Arco de la Pastora in der Stadtmauer gelangt man in den Dorfbereich, in dem moderne Architektur vorherrscht.
OBEN: Das klassische Eingangsportal der Kirche Santiago el Mayor verleiht ihrer schlichten Fassade Grandeur.

Bei der Fahrt durch das fruchtbare Barbate-Tal in Richtung Medina-Sidonia grüßt schon von weitem der an die imposante Kirche Santa María la Mayor grenzende Torre de Doña Blanca. Dank seiner günstigen Hügellage war Medina schon lange vor dem 15. Jahrhundert, als die Kirche erbaut wurde, bedeutend. Die Gründung des von Historikern gern als die älteste Stadt Europas bezeichneten Cádiz war noch im Gange, als Medina – das Zentrum einer phönizischen Kolonie – die Hafenstadt bereits mit landwirtschaftlichen Erzeugnissen versorgte. Betrachtet man die Ausdehnung der kürzlich im oberen Teil des Dorfes freigelegten Wasserabzugsgräben und -kanäle, ist anzunehmen, dass der Ort schon in römischer Zeit eine wichtige Rolle spielte.

Später geriet Medina unter den Einfluss des Geschlechts der Guzmán, dem König Johann II. im Jahr 1472 Medina-Sidonia überließ. Auf den umliegenden fruchtbaren Feldern erzielten die Bauern gute Erträge, sodass der Wohlstand des Dorfes wuchs. Im Zuge dieser Entwicklung wurden mehrere Kirchen und Klöster erbaut, von denen einige noch erhalten sind. Man passiert sie beim Aufstieg zur Hügelkuppe, wo die Überreste einer westgotischen Festung und einer christlichen Burg Zeugnis von früheren Besiedlungsphasen ablegen.

Aus dem 17. und 18. Jahrhundert stammen die herrschaftlichen Villen im oberen Hangbereich. Dort kann man auch den Kreuzgang der wunderschönen Pfarrkirche besichtigen. Gleich daneben erhebt sich der Convento de Jesús, María y José, das Domizil der »Nonnen von oben« *(monjas de arriba)*, während die »Nonnen von unten« *(monjas de abajo)* den tiefer gelegenen Convento San Cristóbal bewohnen.

An die Maurenzeit erinnert der Hufeisenbogen des Arco de la Pastora (»Tor der Schäferin«), eines Tores in der Stadtmauer, das gewissermaßen den Übergang zwischen der Altstadt und dem neuen Dorfteil mit seiner belebten Hauptstraße bildet.

Oben und Seite 99: Medina-Sidonia liegt im Schutz der Kirche Santa María la Mayor und des im Hintergrund sichtbaren Convento de Jesús, María y José.
Rechts oben: Der prächtige Turm von Santa María la Coronada überragt die herzoglichen Stallungen.
Rechts: Unterhalb der Kirche zieht sich ein Gewirr von Gassen bis zur Plaza de las Descalzas.

OBEN: Künstliche Blumen rahmen diesen an einer Hauswand angebrachten Marienaltar.
RECHTS: Der Turm der Kirche Nuestra Señora de la Granada hingegen ist mit echten Pflanzen geschmückt – eine überraschende Entdeckung, wenn man an der reich verzierten Fassade im Stil des Sevillaner Barocks emporschaut.

Moguer

HUELVA

Der Río Tinto, dessen mineralische Sedimente bereits die Römer abbauten, durchfließt eine sanft gewellte Landschaft mit Erdbeerfeldern, Olivenhainen und Weinbergen, bevor er sich an der Bucht von Cádiz ins Meer ergießt. Der Küstenort Moguer an der Flussmündung wäre wohl noch heute ein verschlafenes Fischerdorf, hätte nicht das Geschlecht der Portocarreros seinen Einfluss durch einen bedeutenden Seehafen festigen wollen. Ein Vorfahr der Familie namens Alfonso Jofre Tenorio hatte das Dorf samt Umland von König Alfons XI. erhalten, dem er als Admiral gedient hatte.

Zu Beginn des 15. Jahrhunderts standen die Zeichen günstig für eine Ausweitung der Seefahrt. Schiffswerften wurden errichtet, und zu den erfahrenen Seeleuten unter den Dorfbewohnern gesellten sich talentierte Handwerker aus anderen Gegenden. In jener Zeit stattete Christoph Kolumbus dem Hafenort mehrere Besuche ab in der Hoffnung, Förderer für seinen kühnen Plan einer Atlantiküberquerung zu gewinnen. In Moguer fand er nicht nur das nötige technische Können vor, sondern auch eine adlige Fürsprecherin: Die Äbtissin des Klosters Santa Clara, Doña Iñes Enriques, die mit König Ferdinand II. verwandt war, erwirkte für ihn am 30. April 1492 die königliche Genehmigung für den Bau und die Ausrüstung von *tres carabelas armadas y equipadas*. Mit diesen drei Karavellen aus den Werften von Moguer stach Kolumbus in See; mehr als die Hälfte seiner Besatzungsmitglieder stammte aus Moguer. Kolumbus verließ sich auf die nautischen Fähigkeiten seiner Männer und auf die Robustheit der Schiffe, und er wurde nicht enttäuscht. Nach seiner triumphalen Rückkehr ließ er im Kloster Santa Clara eine Dankesmesse lesen. Die schöne Klosterkirche und den Kreuzgang kann man noch heute zwischen weiß gekalkten Häusern im Ortskern bewundern.

In der Calle de la Ribera erblickte 1881 der Dichter Juan Ramón Jiménez das Licht der Welt. Obwohl er die Jahre der Franco-Diktatur im amerikanischen Exil verbrachte und 1956, als er den Nobelpreis für Literatur erhielt, internationalen Ruhm erlangte, blieb stets das paradiesische Licht der Straßen von Moguer, in denen er als Kind gespielt hatte, die Inspirationsquelle für seine Lyrik.

SEITE 102: Diese von eleganten Häusern gesäumte Straße in Moguer ist nach dem Dichter Jiménez benannt.
LINKS: Auf der Plaza del Cabildo hat man Jiménez ein Denkmal gesetzt.
OBEN LINKS. Blick von der Rathaus-Loggia in die Calle Reyes Católicos; Jalousien und Fenstergitter schützen die Privatsphäre ihrer Anwohner.
OBEN: Das Portal des Nonnenklosters von Santa Clara an der Plaza de las Monjas.

GANZ OBEN UND OBEN: *Kunstvolle Balkongitter und klassizistisch gerahmte Fenster und Türen verleihen den Häusern von Moguer eine verhaltene Eleganz.*
RECHTS: *Ihren Wohlstand verdanken viele Einwohner von Moguer dem Weinbau. Das Dorf ist von ausgedehnten Weinbergen umgeben; außerdem werden in der Umgebung im großen Maßstab Erdbeeren angebaut.*

Sanlúcar de Barrameda

CÁDIZ

OBEN: Der Fassadenschmuck des Palacio de Orleans y Borbón (19. Jahrhundert), in dem das Rathaus untergebracht ist, zeugt von maurischen Einflüssen.
RECHTS: Von der Plaza de la Paz führen schmale, von schönen Häusern gesäumte Gassen zur Kirche Nuestra Señora de la Caridad, deren Glockenturm die Dächer überragt.

Aufgrund seiner Lage im Mündungsgebiet des Guadalquivir war Sanlúcar de Barrameda geradezu prädestiniert, als Haupthafen des fünfzig Kilometer flussaufwärts gelegenen Sevilla zu fungieren. Der Hafen, von dem aus Magellan seine Weltumsegelung antrat, mehrte Wohlstand und Ansehen des Städtchens, insbesondere, als Schiffe mit Waren aus der Neuen Welt zurückkehrten und der Seehandel ausgeweitet wurde.

Im 19. Jahrhundert erlebte der Ort einen weiteren Aufschwung: Zahlreiche Adlige aus Sevilla erkoren Sanlúcar zu ihrem Sommersitz, um der brütenden Hitze in der Stadt zu entgehen. Sanlúcar bot seinen anspruchsvollen Sommergästen Annehmlichkeiten aller Art: elegante Straßen, durch die sie am Abend unter Bäumen flanieren konnten, ein Theater, ein Musikkonservatorium und einen flachen weiten Sandstrand, an dem man Pferderennen veranstaltete – eine Tradition, die bis heute alljährlich im August gepflegt wird.

Bei Streifzügen durch die Altstadt entdeckt man Adelspaläste *(palacios)* mit den Namen ihrer ehemaligen Besitzer. Im Fischerviertel Bajo de Guía locken vorzügliche Fischrestaurants, und ein Stück weiter die Küste hinunter liegt das Hafenviertel Bonanza. Nachdem dort nachmittags die Fischerboote einlaufen, wird der Fang in einer lautstarken, temporeichen Auktion verkauft.

Dank seiner idealen Klimabedingungen ist Sanlúcar mit einer weiteren Köstlichkeit gesegnet: Ganz oben am Hang, in den riesigen Kellergewölben der *bodegas,* reift der lokale Sherry. Unter Einwirkung feuchter Meeresluft und großer Mengen Sauerstoff entsteht die so genannte Florhefe, die einen »Film« auf der Weinoberfläche bildet, sodass der Sherry praktisch unter Luftabschluss über Monate reifen kann. Das Ergebnis ist eine unvergleichlich trockene, helle, zarte Sherrysorte, die ihresgleichen sucht. Nach dieser hellgelben Farbe, die einen leichten Grünstich hat und an die Farbe von Kamille erinnert, ist der *manzanilla* benannt. Er ist *das* Festgetränk der großen Feria de Abril (Aprilmesse) von Sevilla. Und weil Sanlúcar so stolz auf seinen Sherry ist, feiern ihn die Sanluqueños und Sanluqueñas alljährlich im Mai mit einer Woche Musik und Tanz.

AMBOS
LADOS

Diese Seite: Elegante Kaufmannshäuser prägen die Altstadt. Sie zeugen von glanzvollen Zeiten und dienen ihren sevillanischen Besitzern als Sommerresidenz.
Seite 109: Häuser mit klassischen Proportionen schmücken die Calle Luis Equilas; gleich daneben erhebt sich die Kirche Nuestra Señora de la O.

Folgende Doppelseite links: Die zentrale Plaza del Cabildo dient als Festplatz.
Folgende Doppelseite rechts: Ein weiterer beliebter Treffpunkt ist die arkadengesäumte Calzada del Ejército, der ehemalige Exerzierplatz.

LA GITANA

Vejer de la Frontera CÁDIZ

Links: Dieser Brunnen mit Froschskulpturen ziert die kleine Plaza de España vor der alten Stadtmauer.
Unten: Anders als die offene, belebte Plaza de España wirken die schmalen Gassen des arabisch geprägten alten Ortskerns innerhalb der Stadtmauer sehr still.

Vor einiger Zeit erhielt der Küstenabschnitt zwischen Portugal und Gibraltar durch einen Beschluss der andalusischen Bevölkerung den bezeichnenden Namen »Costa de la Luz«. Zwar sind die Strände breit genug, um einen Teil der an der hoffnungslos überfüllten Costa del Sol im Osten abgewiesenen Urlauber aufzunehmen, aber vom Strandleben abgesehen hat die Küste wenig Abwechslung zu bieten. Dafür badet sie in einem gleißenden Licht, das den Anblick der weithin sichtbaren, blendend weißen Häuser von Vejer de la Frontera unvergesslich macht.

Der alte Dorfkern ist seit dem Mittelalter von einer Mauer umschlossen, hinter der eine im 19. Jahrhundert angelegte Promenade verläuft, die Corredera. Von diesem Spazierweg aus kann man den weiten Blick nach Norden genießen, bevor man wieder in das verschlungene Gewirr der Gassen eintaucht. Dort erlaubt die Mauer, die dem Auf und Ab des felsigen Hügels folgt, nur noch selten unerwartete Blicke nach außen, so z.B. hinter einer Biegung am Convento de las Concepcionistas, wo man urplötzlich eine vom Arco de las Monjas (»Nonnentor«) gerahmte Landschaft erblickt. Das Tor trennt das ehemalige Judenviertel im Schatten der Westmauer vom oberen Dorfbereich. Neben dem ältesten Tor der Stadt, dem Arco de la Segur (»Tor der Axt«), steht die Pfarrkirche El Divino Salvador. Sie wurde auf den Grundmauern einer Moschee errichtet, deren Minarett noch erhalten ist. Aus maurischer Zeit stammt auch die im 11. Jahrhundert an der höchsten Stelle des Dorfes erbaute Burg. Am stärksten aber macht sich das arabische Flair im Labyrinth der Gassen bemerkbar, aus dem man durch den Arco de la Villa unvermittelt auf die baumbestandene Plaza de España tritt.

SEITE 114: Die z.T. kunstvoll geschmiedeten vertikalen Streben der Balkongitter verleihen diesen Häusern an der Calle Nuestra Señora de la Oliva eine gewisse Noblesse.
DIESE SEITE: Im Dorfkern erhebt sich die aus dem 13. Jahrhundert stammende Pfarrkirche El Divino Salvador. Bei einem Rundgang um den Bau fällt der Blick auf hübsche Details.

Die weiß gekalkten, dicht an dicht stehenden Häuser im Ortskern von Vejer erinnern an nordafrikanische Bergdörfer. Die christliche Kirche aus der Zeit der Reconquista ragt wie ein Fremdkörper im Hintergrund auf.

Zentralspanien

Oben: Der Wappenschmuck dieses Hauses an der Plaza Santo Domingo zeugt von der einstigen militärischen und wirtschaftlichen Macht Almagros.
Rechts: Endlose Weite prägt das zentrale Hochland Spaniens, so auch die Region La Mancha. Cervantes verhalf ihr zu Weltruhm, indem er seinen Don Quijote in einen abenteuerlichen Kampf gegen Windmühlen schickte, wie sie noch heute für die Gegend typisch sind.

Der größte Teil der Meseta – jener Landschaft, die Zentralspanien ausmacht und deren von zerklüfteten Bergketten durchbrochenen weiten, windgepeitschten Hochebenen die Spanier ein literarisches Denkmal setzten – gehört zum alten Königreich Kastilien. Hier, in dieser so lebensfeindlich anmutenden Gegend, hatten Helden wie el Cid und Don Quijote ihre Abenteuer zu bestehen.

Selbst heute, da die Meseta durch ein neues, gut ausgebautes Straßennetz erschlossen ist, kann die monumentale Weite Beklemmung hervorrufen. Es wäre jedoch schade, sie im Schnelltempo zu durchfahren, ohne hin und wieder Rast zu machen und eines der verstreut liegenden hübschen alten Dörfer zu besichtigen.

In dieser kargen Landschaft zu überleben galt selbst in den besten Zeiten als Herausforderung. Die Römer, die Westgoten und die Mauren nahmen das Land in Besitz, ohne es jedoch zu besiedeln. Die Überreste ihrer Stützpunkte befinden sich meist in geschützter Felslage. Und dennoch brachten es manche Bewohner der Meseta im Laufe der Jahrhunderte zu beachtlichem Wohlstand. In Medina del Campo z.B. fand im Mittelalter die größte Wollmesse Europas statt. Auf diese Blütezeit folgte im so genannten goldenen Zeitalter Spaniens eine Periode des Niedergangs, als mehrere aufeinander folgende, maßlos profitgierige Könige die kastilische Wirtschaft durch immer höhere Steuerforderungen in den Ruin trieben. Daraufhin setzte eine Landflucht ein, von der sich die Region erst in jüngerer Zeit wieder erholt. Es ist anzunehmen, dass der Aufschwung z.T. damit zusammenhängt, dass die kulturellen Reichtümer der Gegend besser zugänglich geworden sind.

Das Grasland im äußersten Norden Kastiliens wird zwar in großem Stil landwirtschaftlich genutzt, wirkt aber zunehmend verlassen, weil die Bevölkerungszahl stark geschrumpft ist.

Almagro

CIUDAD REAL

Wer der Eintönigkeit der Mancha nichts abgewinnen kann, fährt vielleicht in Vorfreude auf die Schätze Andalusiens auf schnellstem Wege in Richtung Süden. Dabei ist das abseits der Hauptstraßen gelegene Dorf Almagro im Zentrum des weiten Campo de Calatrava allemal einen Abstecher wert. Seine altehrwürdigen Häuser zeugen von einer wechselvollen Geschichte, die mit der Kreuzung zweier Römerstraßen an dieser Stelle ihren Anfang nahm. Nach jahrhundertelanger Beherrschung durch das Kalifat von Córdoba fiel die Burg von Calatrava 1147 im Zuge der Reconquista von den Mauren an das Katholische Königspaar. Es konnte sich dabei auf die in der Umgebung angesiedelten militärisch-religiösen Bünde stützen, wie den Ritterorden von Calatrava, dem Ferdinand III. von Kastilien im Jahr 1222 ein Areal zur Bewirtschaftung überließ, das sich von Malagón im Norden bis nach Almuradiel im Süden erstreckte.

Als der Orden seinen Sitz in das zentral gelegene Almagro verlegte, verlor die heutige Regionalhauptstadt Ciudad Real vorübergehend an Bedeutung. Unter dem Orden entwickelte sich die Landwirtschaft (die Auberginen sind heute durch eine eigene Herkunftsbezeichnung geschützt); außerdem betrieb er mit Hilfe von Geldern der Fugger und der Welser im benachbarten Almadén Bergbau.

Das Straßengeflecht um die vornehme Plaza Mayor zeugt von der kulturellen und wirtschaftlichen Bedeutung Almagros, das von 1574 bis 1828 sogar eine Universität hatte. Ein nobles Flair prägt die sorgfältig restaurierten schmalen, meist kopfsteingepflasterten Straßen zwischen den weiß gekalkten Häusern, Kirchen und Klöstern, deren prächtige Eingangsportale oft kunstvoll gemeißelte Ordens- und Familienwappen zieren.

An der ursprünglich als Exerzierplatz angelegten Plaza Mayor beeindrucken Arkaden, die dekorative Fenstergalerien mit grün gestrichenen Rahmen tragen. Im angrenzenden alten Komödienhof, dem Corral de Comedias, werden im Juli klassische Theaterstücke aufgeführt. Das architektonische Kleinod stammt aus dem 17. Jahrhundert. Damals traten im Innenhof fahrende Schauspieler vor einer dicht gedrängten Zuschauermenge auf, während die Adligen das Geschehen von komfortablen Galerien aus verfolgten.

OBEN: Viele beeindruckende Gebäude wie z.B. die hoch aufragende Kirche San Bartolomé zeugen von der Blütezeit Almagros vom 13. bis Ende des 15. Jahrhunderts, als es Sitz des Calatrava-Ordens war.
RECHTS: Über den Arkaden an der Plaza Mayor befinden sich grün gerahmte Fenstergalerien.

PLAZA MAYOR

Die Dörfer der Region Kastilien-La Mancha liegen im Herzen Spaniens.
OBEN: Dieses Anwesen befindet sich in der Nähe von El Toboso, dem Heimatdorf Dulzineas, der Angebeteten des Don Quijote.
RECHTS: Typisches Landschaftsbild in La Mancha, hier westlich von Almagro.

Calatañazor

SORIA

Wenn sich nach drei Stunden Fahrt von Madrid Richtung Norden noch immer nicht die Weinberge von La Rioja zeigen, hat man angesichts der schier endlos erscheinenden Hochebenen Kastiliens den Eindruck, die Zeit wolle nicht vergehen. So ist man versucht, so schnell wie möglich die schöne Provinzhauptstadt Soria zu erreichen, und läuft dabei Gefahr, ein Kleinod aus mittelalterlicher Zeit links liegen zu lassen: Calatañazor.

Der Weg dorthin zweigt von der Hauptstraße ab, führt um einen Tafelberg *(mesa)* herum, und gleich darauf bietet sich ein atemberaubender Anblick: Auf einem Felsen, der die Landschaft ringsum beherrscht, scharen sich alte Häuser um eine Burg.

In dem Dorf, das anscheinend nie restauriert wurde, ist die Vergangenheit allgegenwärtig. Alte Häuser neigen sich einander zu, z.T. gestützt von Balken aus dem Holz des Sade-Wacholders. Geflechte aus Zweigen stabilisieren die alten Mauern; die Zwischenräume sind mit Lehm, Luftziegeln oder Backsteinen gefüllt.

Den unregelmäßig geformten Dorfplatz zieren zwei Wahrzeichen: eine Ulme und eine von einer Wetterfahne gekrönte Säule. Von hier wie auch von der nahen Ruine des Bergfrieds aus bietet sich ein eindrucksvoller Blick über die Landschaft. Das Dorf wirkt idyllisch und friedvoll; nur das Tuckern eines Traktors durchbricht hin und wieder die Stille. Es fällt schwer, sich vorzustellen, dass das Valle de la Sangre (»Tal des Blutes«) im Jahr 1002 Schauplatz einer grausamen Schlacht war, die mit der Niederlage und dem Tod eines bemerkenswerten maurischen Anführers endete: Abi Amir Muhammad, genannt al-Mansur bi-Allah (siegreich für Allah), war ein fähiger, aber auch kriegerischer Herrscher, der lange Zeit große Teile Kastiliens regierte.

LINKS: Kegelförmige Schornsteine zieren die Dächer vieler mittelalterlicher Häuser von Calatañazor.
RECHTS: Die Burgruine beherrscht Calatañazors Umgebung, den mutmaßlichen Schauplatz einer Schlacht, in der die Christen den arabischen Anführer al-Mansur besiegten.

Diese Seite: Alte, aneinander geschmiegte Häuser säumen die Plätze und kopfsteingepflasterten Straßen von Calatañazor.
Rechts: Auf der Plaza Mayor ragt eine sich nach oben verjüngende Steinsäule mit Wetterfahne auf.

Candelario

SALAMANCA

Links: Über steil ansteigende Wege gelangt man zum oberen Teil des Dorfes.
Unten: Die Plaza Mayor mit der Café-Bar »El Dolar«.

Auf 1100 Meter Höhe und in isolierter Lage auf halbem Wege zwischen Ávila und Cáceres, dominiert das Bergdorf Candelario in der Sierra gleichen Namens die weite Ebene im äußersten Südosten der Provinz Salamanca. In der Nähe des Ortes fand man Hinweise darauf, dass hier im Mittelalter Bergbau betrieben wurde; möglicherweise beuteten schon die Römer die Bodenschätze Kastiliens aus.

Jahrhunderte später war es die Viehzucht, die den Dorfbewohnern ein Auskommen sicherte, sofern sie sich nicht als Söldner König Alfons' VIII. im Kampf gegen die Mauren verdingten. Man hielt zunächst Ziegen, das typische Bergvieh, dem sich später Rinder und Schweine zugesellten. Um die Mitte des 19. Jahrhunderts zog man in Candelario nachweislich Jahr für Jahr achttausend Schweine und zweitausend Rinder auf. Aus ihrem Fleisch wurde in über hundert Wurstküchen nach traditionellen Methoden die berühmte Wurstspezialität *chorizo* hergestellt. Bevor das Fleisch verarbeitet wurde, musste es getrocknet werden; dafür hatte man in etlichen Häusern Trockengestelle.

Viele Häuser von Candelario sind dreigeschossig. Unten lebte – wie in den Bergdörfern der Region üblich – das Vieh, im ersten Stock befanden sich die Wohnräume, und ganz oben war der Schlafbereich, zumeist mit einem Balkon unter dem doppelten Dachvorsprung; Letzterer soll im Winter die Schneemassen abhalten.

Kirche und Rathaus des Dorfes liegen weit oben am Hang. Zwei schmale, mit unregelmäßigen Steinplatten gepflasterte Hauptstraßen führen vom oberen Tor zur Plaza Mayor herunter. Entlang den Straßen verlaufen Kanäle für das Schmelzwasser aus den Bergen. Damit die Wassermassen im Frühjahr nicht in die Häuser dringen, sind viele mit einer halbhohen zweiten Tür geschützt, und umgedrehte Dachziegel an den Außenwänden isolieren gegen die rauen Winde, die im Winter in westlicher Richtung über das Hochland fegen.

OBEN: Die kleine Kapelle Santísimo Cristo del Refugio steht mitten auf der Plaza Mayor.
RECHTS: Eine der typischen Halbtüren, batipuerta *genannt. Diese Zusatztüren sollen das im Frühling von den Berghängen strömende Schmelzwasser abhalten.*
GANZ RECHTS: Das Bild zeigt die Lage des Dorfes zwischen hohen Bergen.

Blick von der höchsten Stelle des Ortes über die traditionellen Hohlziegeldächer auf die umgebende Landschaft.

LINKS: Hier lassen sich Besucher von einem Fremdenführer beraten, bevor sie den weitläufigen Klosterkomplex erkunden.
RECHTS: Der Wallfahrtsort wird von der riesigen Klosteranlage dominiert; hier ein Blick von der Straße zwischen Navalmoral und dem Norden.

Guadalupe

CÁCERES

Das nicht sonderlich große, ummauerte Dorf Guadalupe beeindruckt mit einem ausgedehnten Klosterkomplex, um den sich die Wohnhäuser scharen. Seine Berühmtheit verdankt der Wallfahrtsort einem Wunder. Der Legende nach fand ein Hirte Anfang des 14. Jahrhunderts nach einer Marienerscheinung am Ufer des Flüsschens Guadalupe das Bildnis *Unserer Lieben Frau von Guadalupe* wieder, das vor der arabischen Invasion fünf Jahrhunderte zuvor dort vergraben worden war. 1340 ließ König Alfons XI. nach seiner siegreichen Schlacht bei Salado gegen die Mauren aus Dankbarkeit das Kloster errichten.

Die mit gotischen und maurischen Motiven geschmückte goldfarbene Fassade der Klosterkirche prägt das Bild am kleinen Dorfplatz. Dahinter entstanden in dem Maß, wie das Kloster Ansehen erlangte und größer wurde, immer mehr Häuser. Bei einem Rundgang findet man Beispiele verschiedener Baustile, etwa einen eleganten Mudejar-Pavillon aus dem Jahr 1405 und einen im gotischen Stil gehaltenen Kreuzgang aus dem 16. Jahrhundert, der jetzt zu dem komfortablen Landgasthof »Hospedería del Real Monasterio« gehört.

Reizvoll wirken auch die kleinen, strahlenförmig vom zentralen Platz ausgehenden Straßen. Am ältesten ist die von Renaissancebauten gesäumte Calle Sevilla, die unter einem Bogen hindurch zu der kleinen Plaza de los Tres Chorros mit ihrem hübschen Brunnen führt.

Alljährlich am 8. September wird das Bildnis der Schutzheiligen von Guadalupe in einer Prozession durch die Straßen des Dorfes getragen. Das restliche Jahr über steht sie in einer Nische über dem Hauptaltar der Klosterkirche; man kann eine Treppe hochsteigen, um sie in ihrem achteckigen Schrein zu betrachten. Hoch gestellte Pilger suchten früher einen Raum im Obergeschoss gegenüber der Rückseite des Altars auf. Auch heute wird sich immer ein freundlicher Mönch finden, der die Madonna gegen ein kleines Entgelt um 180 Grad zu drehen bereit ist, damit man sie von vorn sieht. Die goldverzierte Muttergottes aus Eichenholz wirkt mit ihrer schwarzen Patina so alt, als stammte sie aus vorchristlicher Zeit. Sie symbolisiert die Hispanidad, das gemeinsame Kulturbewusstsein aller spanisch sprechenden Völker. Den Namen Guadalupe tragen denn auch ein Wallfahrtsort bei Mexiko-Stadt und eine Antilleninsel, die Kolumbus entdeckte; er ließ 1496 in der Klosterkirche zwei indianische Sklaven taufen.

Diese Seite: Gegensätze prägen Guadalupe. Beschaulichkeit und einladende Geschäfte (links und links unten) kontrastieren mit den hohen Türmen und der majestätischen Fassade des Real Monasterio an der Plaza Santa María in der Calle Sevilla (unten).
Rechts: An der Plaza de los Tres Chorros strömt aus den drei namengebenden Röhren Wasser in das Brunnenbecken.

Folgende Doppelseite links: Noch heute kommen zahlreiche Pilger nach Guadalupe, um der Madonna zu huldigen. Bei den ortsansässigen Kupferschmieden decken sie sich mit Andenken an ihre Wallfahrt ein.
Folgende Doppelseite rechts: Die kunstvolle Ornamentik der gotischen Westfront der Klosterkirche zeigt unverkennbar arabische Einflüsse.

SALVIA
SOLIDAGO

La Guardia TOLEDO

Links und oben: Schlicht und erhaben zugleich: die Pfarrkirche auf der Plaza Mayor.
Oben rechts: Das kunstvoll gearbeitete Wappen über dem Eingang der Casa de los Jaenes belegt das hohe Ansehen ihrer ehemaligen Besitzer.

Die Ebenen von Toledo dehnen sich unweit von Madrid gen Süden. Im Gegensatz zur Leere und Weite der Mancha bringt eine Reihe atemberaubend steil aufragender Tafelberge *(mesas)* Abwechslung in diese Landschaft. Zu Füßen der eindrucksvollen Mesa de Ocaña verläuft die verkehrsreiche N-IV, die Madrid mit Andalusien verbindet. Nach kurzer Fahrt in südlicher Richtung taucht La Guardia auf. Die geschützte Lage des Dorfes auf einem nach drei Seiten steil abfallenden Plateau verdanken seine heutigen Bewohner der Weitsicht ihrer mittelalterlichen Vorfahren, die den Fels besiedelten. La Guardia liegt so hoch, dass, wenn man an einem lauen Sommerabend auf der Promenade in luftiger Höhe entlangschlendert, der Verkehrslärm von unten nur schwach zu hören ist.

Da heutzutage keine feindlichen Übergriffe mehr zu befürchten sind, ist das Dorf leichter zugänglich geworden: Ein Viadukt überspannt die Schlucht, die den neuen Ortsteil vom alten Dorfkern trennt. Dennoch hat man in den schmalen Straßen mit den vielen altehrwürdigen Häusern mitunter den Eindruck, die Zeit sei stehen geblieben.

Am baumbestandenen Dorfplatz erhebt sich die imposante Pfarrkirche, die im 17. und 18. Jahrhundert gebaut bzw. erweitert wurde. Direkt gegenüber steht die Casa de los Jaenes, deren kunstvoll gestalteter Eingang von der noblen Herkunft ihrer ehemaligen Besitzer zeugt. Gleich um die Ecke befindet sich die schöne Synagoge aus dem 16. Jahrhundert; das Guckloch in der Mauer dürfte auf die Neugier der einstigen Bewohner der angrenzenden Klause zurückzuführen sein.

Unterhalb der Befestigungen beeindrucken vor langer Zeit in den Fels geschlagene Unterkünfte. Im 16. Jahrhundert kam eine wunderschöne kleine Kapelle hinzu, die so genannte Ermita del Santo Niño. Um ihr schlichtes Mittelschiff gruppieren sich in den Fels gehauene Nischen und Seitenkapellen.

LINKS: Die vergitterten Fenster der Casa de los Jaenes zeugen vom Sicherheitsbedürfnis ihrer einstigen Bewohner.
OBEN: Vom Promenadenweg aus bieten sich prachtvolle Ausblicke.
RECHTS: Ein Einwohner von La Guardia bei seinem Tagewerk.

La Huetre

CÁCERES

Unterhalb der schneebedeckten Gipfel der Sierras von Salamanca unweit der Grenze zu Portugal reckt sich ein wildromantischer, zerklüfteter »Zipfel« der Extremadura gen Norden. Viele Spanier sind sich der Existenz dieses Gebietes weitab der großen Städte kaum bewusst, andere verbinden mit dem Namen der Gegend, »Las Hurdes«, Armut und Rückständigkeit. Angeregt durch eine Studie des Franzosen Maurice Legendre, drehte der damals junge Regisseur Luis Buñuel im Jahr 1932 seinen surreal-sozialkritischen Dokumentarfilm *Las Hurdes – Tierra sin Pan (Land ohne Brot)* über das Elend dieser Region.

Auf einer kurvenreichen an- und absteigenden Straße durchquert man Las Hurdes und erreicht schließlich das Dorf La Huetre, wo die Straße nahe dem Oberlauf des Hurdano endet. Mitten durch den an einen Hang der Sierra sich klammernden Ort rauscht ein reißender Bach. Zu beiden Seiten schlängeln sich in stetem Auf und Ab Gassen, die von schiefergedeckten Häusern aus Bruchstein gesäumt sind.

Dass das schöne, aber wilde Land seinen Menschen nichts schenkt, wird deutlich, wenn man älteren Einwohnern von La Huetre begegnet: Viele gehen tief gebeugt von der lebenslangen Plackerei. Sogar die genügsamen Ziegen fristen in dieser Gegend ein eher kümmerliches Dasein. Besser haben es die Bienen: Die Wildblumen an den Berghängen und die Blüten der Obstbäume, die im Frühling die Täler mit zarten Farben sprenkeln, versorgen sie reichlich mit Nektar.

Das an den Hang geschmiegte, sonnenverwöhnte Dorf wirkt idyllisch – ein Eindruck, der darüber hinwegtäuscht, dass die Gegend um La Huetre lange Zeit Spaniens Armenhaus war. Seit Luis Buñuel dort den Dokumentarfilm Las Hurdes *drehte, hat sich der Lebensstandard dank Geldern der Europäischen Gemeinschaft etwas gebessert.*

SEITE 148: Hier werden Ziegen in den heimischen Stalt getrieben. In der Gegend um La Huetre lebt man von den kümmerlichen Erträgen, die der karge Boden hergibt.
DIESE SEITE: Die einfachen Häuser zeugen von einer sehr bescheidenen Lebensweise. Las Hurdes war die letzte spanische Region, die an die öffentliche Wasser- und Stromversorgung angeschlossen wurde.

FOLGENDE DOPPELSEITE: Die Häuser von La Huetre heben sich kaum vom Felsgestein der Umgebung ab. Ihr Mauerwerk ist so roh und uneben wie der Boden, auf dem das Dorf angelegt wurde.

Pedraza

SEGOVIA

Auf den ersten Blick wirkt das auf einem eindrucksvollen Felsen thronende Pedraza nicht sonderlich einladend auf Besucher. Neben dem ehemaligen Kerker befindet sich als einziger Zugang zum Dorf die befestigte Puerta de la Villa, deren strenger Charakter durch ein lebendig gestaltetes Backsteinfries und altehrwürdigen Wappenschmuck gemildert wird. Bei dem Wappen handelt es sich um das des Geschlechts Valasco, der Herzöge von Frías. Im Verlauf ihrer Feudalherrschaft, die vierhundert Jahre währte, gelangten sie selbst und die ansässigen Wollhändler zu Wohlstand, denn dieser Teil der Provinz Segovia ist mit saftigem Weideland gesegnet. Damals gab es im Dorf unzählige Werkstätten, in denen die Wolle für den Verkauf aufbereitet wurde. Und noch heute bekommt man in den Gasthäusern des Ortes köstliche Lammspezialitäten serviert.

Hat man die Puerta hinter sich gelassen, folgt man den schmalen, von schönen, teils wappengeschmückten Steinhäusern gesäumten Gassen bis zur Plaza Mayor, die zwar nicht mit Größe beeindruckt, dafür aber hübsche Arkaden mit kunstvoll verzierten Säulenkapitellen und eine Reihe Balkongalerien aufweist.

Die wuchtige Burg am Westende des Hügels wurde früher von der Familie Valasco bewohnt. Massive Türme flankieren ein wehrhaftes Tor, hinter dem es allerdings außer der Antiquitätensammlung des letzten Burgherrn, des realistischen Malers Ignacio Zuloaga, der das Anwesen 1926 erwarb, keine weiteren Reichtümer zu schützen gibt.

Nachdem in Pedraza keine Wolle mehr verarbeitet wurde, schrumpfte die Einwohnerschaft. Im Zuge dieser Entwicklung verfielen die leer stehenden Häuser nahe der abweisenden Burgmauer, und die »Häusergrenze« des Ortes wich allmählich in Richtung Ortskern um die Plaza Mayor und die aus der Blütezeit des Dorfes stammende Kirche Santa María zurück. Das nunmehr offene Gelände gewährt schöne Ausblicke in die Umgebung.

Seinen wehrhaften Charakter hat sich Pedraza aus der Zeit der kriegerischen Grafen bewahrt. Mauern und Türme schützen das auf einem steilen Felshügel thronende Dorf. Den einzigen Zugang bildet die Puerta de la Villa (rechts im Bild).

Seite 154: Ansicht von San Juan, einer der vier Kirchen im Ort, an der Plaza de la Olma nahe der Plaza Mayor. Im Vordergrund ist eine alte Brunneneinfassung zu sehen.
Ganz links und links: Reizvolle Kontraste: das mit Nägeln gespickte Tor der Burg und frisch gebackene Brote hinter dem Fenstergitter einer Bäckerei.
Unten: Dieser Brunnen schmückt eine Ecke der Calle de la Cordovilla.

LINKS: Häuser aus dem 16. Jahrhundert säumen die Plaza Mayor von Pedraza, die als einer der schönsten Plätze Spaniens gilt. Steinsäulen von unterschiedlicher Dicke tragen die darüber liegende Galerie.
UNTEN: Am Dorfrand findet man einzeln stehende Häuser.
RECHTS: Anders als zur Glanzzeit des Ortes ist das an die Burg grenzende Gelände heute unbebaut.

Nordspanien

Oben: Wegen der oft strengen Winter hat sich im Vorgebirge der Pyrenäen im nordöstlichen Spanien eine alpin anmutende Architektur mit weit vorspringenden Dächern und sehr kleinen Fenstern durchgesetzt. Das Bild zeigt ein Haus in Ituren (Navarra).
Rechts: Im äußersten Nordwesten, in Galicien, erhebt sich in einem der fruchtbarsten Weinbaugebiete Spaniens nahe Ribadavia (Ourense) die Kirche Santa María von Beade.

Wer zunächst den Süden Spaniens bereist hat und sich dann an die Küsten des Nordens begibt, wird sich der beeindruckenden Größe des Landes so recht bewusst. Die atlantischen Winde bringen reichlich Regen heran, sodass üppiges Grün die von den Pyrenäen im Osten bis zur felsigen Landzunge des Cabo Finisterre sich erstreckende Landschaft prägt. Der windgepeitschte Golf von Biscaya war einst ein »Übungsplatz« für die Seefahrer aus Pais Vasco (Baskenland), die ihre Erfahrungen, u.a. auch beim Walfang im Atlantik, später in den Dienst von Spaniens Streben nach Besitzungen im fernen Amerika stellten. Ansonsten hatte das stolze, unabhängige Volk, das sich den baskischen Verwandten auf der französischen Seite der Pyrenäen verbunden fühlte, wenig Neigung, den kastilischen Königen entgegenzukommen und seine Autonomiebestrebungen aufzugeben. Seit 1979 ist das Baskenland eine autonome Region, wobei viele Basken sich eine noch weiter gehende Unabhängigkeit wünschen, und in der Tat scheint die Selbstverwaltung im Vergleich mit den anderen autonomen Regionen Nordspaniens dem Charakter der Basken am meisten zu entsprechen.

Als Reiseland wurde Nordspanien bereits im Mittelalter entdeckt. Damals wanderten die ersten Pilger in Richtung Westen zum Wallfahrtsort Santiago de Compostela. Zahlreiche christliche Kirchen säumten schon damals den Jakobsweg; die Mauren waren bereits im 8. Jahrhundert von den asturischen Königen aus Galicien vertrieben worden. So existierte Nordspanien lange in einer gewissen Abgeschiedenheit, bevor es sich in jüngerer Zeit dem Tourismus öffnete.

Das alte Königreich Navarra zog sich von den kargen Ebenen südlich von Pamplona bis zu den grünen Berghängen, hinter denen die Pyrenäen beginnen. Politisch genießt die Region heute eine gewisse Autonomie.

Bárcena Mayor CANTABRIA

LINKS: In den Wäldern um Bárcena Mayor wird viel Holz geschlagen. Die Einwohner des Dorfes wissen mit der Axt umzugehen und verstehen sich auf die Bearbeitung von Holz.
OBEN: Balken aus altem Holz geben den Häusern mit ihren grob verputzten Steinmauern, vorspringenden Dächern und Holzbalkons Halt.

Die Straße, die in zahlreichen Kurven durch die tief eingeschnittenen, bewaldeten Täler Kantabriens nach Barcéna Mayor führt, scheint am Rand des abgelegenen Dorfes ihren Zweck erfüllt zu haben. Die holprigen Gassen, die kreuz und quer zwischen uralten Steinhäusern verlaufen, sind allenfalls mit Traktoren zu befahren.

Das grüne Kantabrien versteht sich als »Heimat glücklicher Rinder«, und Bárcena ist in dieser Hinsicht keine Ausnahme. Steile Berghänge und dichte Wälder prägen die Landschaft rings um den Ort; die Hochweiden, auf die das Vieh im Mai geführt wird, liegen ein ganzes Stück entfernt. In der Zeit vom Wintereinbruch bis zum Frühling werden die Rinder in den Ställen gehalten. In fast jedem Haus bildet der Stall das Erdgeschoss; sein Boden besteht vielfach noch aus festgetretener Erde. Darüber liegt der Wohnbereich der Bauernfamilie, oftmals mit einem kunstvoll geschnitzten Holzbalkon und üppig blühenden Geranien geschmückt.

An vielen Tagen sind die Berge um Bárcena in Nebelschleier gehüllt, sodass der Ort in ein unwirkliches weiches Licht getaucht ist und vollkommen still wäre, würde nicht der Fluss Argoza vorbeirauschen. Im grünen Kantabrien regnet es relativ viel, anders als im wüstenhaft anmutenden zentralen Hochland jenseits des Kantabrischen Gebirges, das als Wetterscheide wirkt.

Diese Doppelseite: Bei einem Rundgang durch Bárcena fühlt man sich in vergangene Zeiten versetzt. In vielen Häusern ist nach wie vor im Erdgeschoss der Stall untergebracht, in dem das Vieh den Winter verbringt.

CHAMBIÑAS
7ª-CO-2-92-00

Betanzos A CORUÑA

Galiciens Küste ist von zahlreichen Buchten geprägt, den *rías,* die sich wie Fjorde in die felsige Steilküste schneiden. In die *ría* von Betanzos münden die Flüsse Mendo und Mandeo, die sich hinter einer Schleife um die alte Festung vereinigen. Nachdem die Römer über einer keltischen Siedlung Flavium Brigantium (so der lateinische Name von Betanzos) gegründet hatten, legten sie einen Hafen an, der im Laufe der Jahrhunderte große Bedeutung als Warenumschlagplatz erlangte und zeitweise mit dem Hafen von A Coruña rivalisierte.

Die Flüsse, die dem Ort Wohlstand gebracht hatten, schwemmten jedoch so viel Schlamm und Geröll heran, dass die *ría* im 18. Jahrhundert für Handelsschiffe unpassierbar geworden war. Als die Kaufleute von Betanzos daraufhin buchstäblich auf dem Trockenen saßen, verlegten sie sich auf den Handel mit Getreide, das im fruchtbaren Mariñas-Tal gedieh. Ihre prächtigen Häuser säumen die abschüssigen Straßen im Westen des Ortes oberhalb des alten Hafens. Viele der stattlichen Gebäude weisen Sonnengalerien auf (*solanas* genannte Glasveranden), die sowohl dem Sonnenbedürfnis ihrer Bewohner als auch dem rauen Atlantikklima Rechnung tragen.

Weitere schöne Bauten – Wohnhäuser, Verwaltungsgebäude und Kirchen – säumen die weitläufige, belebte Praza de los Hermanos García Naveira, die nachmittags oft zum Spielplatz für Schulkinder wird, die hier auf winzigen Fahrrädern umherkurven. Richtung alte Festung ziehen sich schattige Straßen, an denen ruhige kleine Plätze liegen. Auf dem Weg beeindrucken drei Kirchen mit gotischen Elementen: die eher wuchtige Basilika San Francisco, ganz in deren Nähe Santa María del Azogue mit ihrer schönen Fensterrosette und – etwas weiter oben – die Kirche Santiago, ein Bau aus dem 15. Jahrhundert.

LINKS: Im heute versandeten Hafen von Betanzos blühte einst der Handel, der den Einwohnern des Ortes zu Wohlstand verhalf. Davon zeugen die schönen Glasveranden ihrer Häuser.
OBEN: Das Standbild auf dem zentralen Platz zeigt zwei Förderer der Stadt: die Brüder García Naveira, die nach Argentinien auswanderten und wieder heimkehrten.

Stattliche Kirchen erinnern an Betanzos' große Vergangenheit: Der Glockenturm der Kirche Santo Domingo dominiert den zentralen Platz (OBEN). Kunstvolle Details und Skulpturen schmücken die Kirchen Santa María del Azogue aus dem 13. Jahrhundert (OBEN RECHTS) und San Francisco aus dem 14. Jahrhundert (RECHTS).

Folgende Doppelseite: Betanzos ist ein Ort der Kontraste. Nahe der Kirche Santiago windet sich eine schmale Gasse den Hang empor (links). Die solanas *der beeindruckenden mehrgeschossigen Häuser des Ortes blicken westwärts auf den einst blühenden Handelshafen (rechts).*

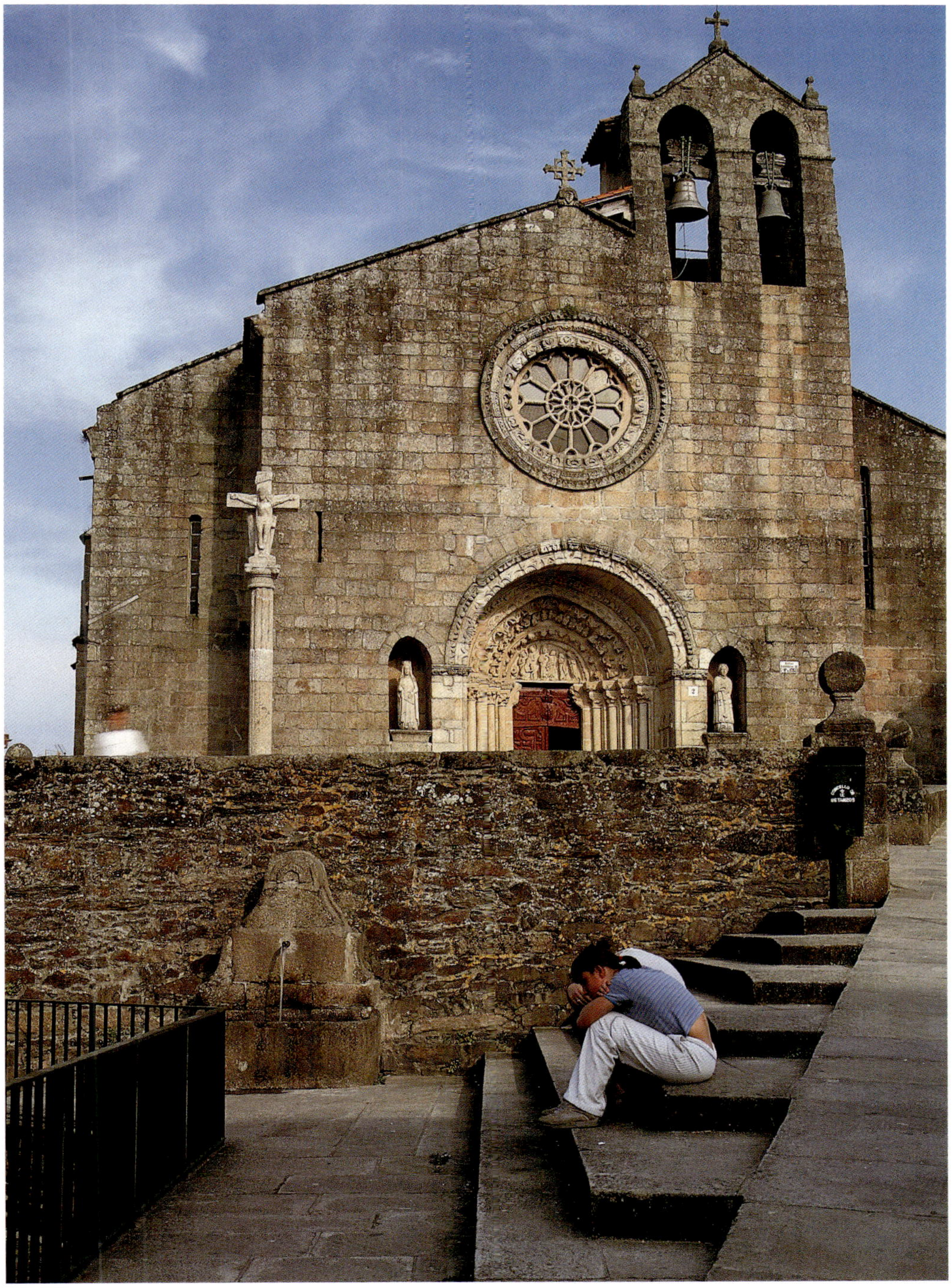

Ganz oben: Der Skulpturenschmuck im Bogenfeld der Kirche Santiago zeigt u.a. den heiligen Jakob hoch zu Ross im Kampf gegen die Mauren.
Oben: Diese Darstellung des Wunders von Lourdes befindet sich in der Kirche Santiago.
Rechts: Zwei Nischen mit Statuen der Madonna bzw. des Erzengels Gabriel flankieren das Portal der Kirche Santa María del Azogue. Die Erweiterung ihres Namens erinnert an den arabischen Basar, der sich einst auf ihrem Vorplatz befand, obwohl Galicien ansonsten von maurischen Einflüssen weitgehend unberührt blieb.

EUSKAL PRESOAK

Ituren

NAVARRA

DIESE DOPPELSEITE: Im September wird das Ezburra-Tal noch von der Sonne verwöhnt. Aber die vorspringenden Dächer, die Fensterläden und die robusten Gemäuer lassen auf schneereiche Winter schließen.

Angesichts der geografisch-politischen Zerrissenheit Navarras drängt sich der Vergleich mit einer gespaltenen Persönlichkeit auf. Das scheint jedoch die gute Nachbarschaft, die die Bewohner der Region untereinander halten, nicht zu beeinträchtigen. Zu einem Ereignis wie der großen »Fiesta San Fermin« strömen die Menschen aus allen Richtungen in Pamplona zusammen, um den Stadtheiligen mit einem ausgelassenen neuntägigen Fest zu ehren.

In der Geschichte Spaniens nahm Navarra aufgrund seiner engen politischen Beziehungen zu Frankreich immer eine Sonderstellung ein. Am weitesten klafft jedoch der »geografische Abgrund« zwischen den fruchtbaren Bergtälern in den Pyrenäenausläufern im Nordwesten und der wüstenartigen Felslandschaft südwestlich von Pamplona. Anders als im kaum hundert Kilometer entfernten Olite (siehe Seite 182ff.) fühlt man sich in Ituren aufgrund der gemeinsamen Sprache und Kultur sehr viel stärker mit der nördlich gelegenen baskischen Provinz Guipúzcoa verbunden.

Die Gemeinde Ituren besteht aus drei Orten: dem gleichnamigen Dorf und den angrenzenden Ortschaften Aurtitz und Latsaga. Der Baustil der Häuser, deren vorspringende Giebeldächer hübsche Holzbalkons schützen, ist durch die starken Schneefälle im Winter vorgegeben. Extreme Temperaturen sind in dieser küstennahen Bergregion, deren höchster Gipfel tausend Meter nicht übersteigt, allerdings selten.

Mitten in Ituren liegt die Plaza Mayor, an der ein stattlicher Bau aus dem 16. Jahrhundert beeindruckt: die Casa Consistorial. Oft kann man hier die Dorfjugend beim Pelota-Spiel beobachten. Statt mit einem Schläger wird der harte Ball mit der bloßen Hand geschlagen. Dass die jungen Spieler hart im Nehmen sind, verwundert nicht, wenn man sich vergegenwärtigt, dass ihre Väter und älteren Brüder gern in Disziplinen wie Holzhacken und Felsblockstemmen ihre Kräfte messen.

Eine weitere Besonderheit besteht darin, dass sich alljährlich im Januar gestandene Männer klaglos in Schaffelle hüllen und bänderverzierte Spitzhüte aufsetzen, um dann, mit Rosshaarquasten wedelnd und – damit die angehängten Kuhglocken läuten – mit dem Hintern wackelnd, von Dorf zu Dorf ziehen. Kein Wunder, dass die bösen Geister, die man mit dieser *zanpantzar* genannten Zeremonie vertreiben will, sich gar nicht erst in die Nähe wagen!

Diese Seite: Ob am Fluss (oben), in einer ruhigen Straße (oben rechts) oder auf dem Dorfplatz (rechts) – die Kinder von Ituren genießen große Bewegungsfreiheit.
Seite 175: Auf den saftigen Weiden am Ortsrand lässt es sich herrlich grasen.

Llanes

ASTURIAS

Links: Das ehemalige Fischerdorf Llanes hat sich zum Badeort gemausert. Der Leuchtturm im Hintergrund dient heute nur noch den Freizeit- und Vergnügungsbooten zur Orientierung.
Oben: Die moderne Skulptur Los Cubos de memoria *des baskischen Künstlers Agustín Ibarrola ziert die Hafeneinfahrt.*

Llanes bietet im Grunde alles, was man vom bekanntesten Badeort Asturiens erwarten kann: Es liegt am schönsten Abschnitt der Küste, und die Ausläufer des Küstengebirges, die zunehmend eine neue Generation von Naturliebhabern anlocken, finden sich nur sechs Kilometer entfernt landeinwärts. Als Ende des 19. Jahrhunderts Ferien am Meer in Mode kamen, war Llanes gut gerüstet. Seit 1905 hat der Ort einen Bahnhof, später folgten ein Spielcasino sowie eine Reihe Luxusvillen mit dekorativen Fassaden. Manche von ihnen sind baufällig geworden und verbreiten ein Flair verblichener Pracht; andere haben dank sorgfältiger Restaurierung ihre alte Schönheit wiedererlangt.

Nachdem der einst florierende Fischfang in Llanes zum Erliegen gekommen war, hat man in jüngerer Zeit den Hafen umgestaltet. An den Kaimauern führen nun Spazierwege entlang, von denen man auf die vertäuten Vergnügungsboote blickt. Die neue Hafenanlage kontrastiert reizvoll mit dem alten Dorfkern auf seiner kleinen Anhöhe, in dem eine Zeile schöner Kaufmannshäuser aus dem 19. Jahrhundert mit Glasveranden beeindruckt.

Im oberen Bereich, hinter der großen Basilika Santa María, liegt der leer stehende Herzogspalast der Familie Estrada. Aufgebrachte Dorfbewohner hatten ihn in einer Nacht des Jahres 1808, als eine französische Invasion drohte, angezündet, weil sie die Herzöge bzw. den Adel generell einer Verschwörung mit Napoleon Bonaparte verdächtigten.

Bei einem Spaziergang entlang dem eleganten, hübsch dekorierten Paseo San Antón fällt der Blick auf den alten Leuchtturm, der nach wie vor in Betrieb ist. Statt einer Fresnel-Linse oder eines rotierenden Halogenstrahlers beherbergt die schlichte Glaskuppel eine riesige blinkende Glühbirne, deren Lichtstrahl draußen auf dem Meer kaum zu sehen sein dürfte. Dafür fällt er auf die gegenüberliegenden Häuser, deren Schlafzimmerfenster durch Bäume abgeschirmt sind, die sicher aus dem Grund gepflanzt wurden.

Oben: Das Casino von Llanes.
Oben rechts: Vornehme Villen zeugen von der Bedeutung, die Llanes im ausgehenden 19. Jahrhundert als Urlaubsort der Reichen genoss.
Rechts: Überreste der Burg aus dem 13. Jahrhundert.
Seite 179: Am gut bestückten Zeitungskiosk decken sich die Urlauber mit Lektüre ein.

Diese Doppelseite: Licht und Schatten verleihen der menschenleeren Plaza Cristo Rey ein kulissenhaftes Flair. Der Platz befindet sich an der höchsten Stelle des mittelalterlichen Viertels und wird von der Basilika Santa María del Concaya beherrscht.

Olite

NAVARRA

Fährt man von Pamplona in Richtung Süden, beginnt ein landschaftlich ganz anderes Navarra. Und bei Olite haben dann karge, sanft gewellte Täler die Erinnerung an das üppige Grün zu Füßen der Pyrenäen verdrängt. Frankreich scheint in weiter Ferne; in Wirklichkeit sind es aber nur etwa siebzig Kilometer bis zur Grenze. Die Könige, die dieses stets nach Unabhängigkeit strebende Gebiet regierten, pflegten enge Beziehungen zum französischen Adel.

Olite war traditionsgemäß Residenzstadt der Könige von Navarra. Im 13. Jahrhundert verlegte Thibault I. seinen Hof hierher und ließ am Rand einer alten römischen Siedlung das Castillo Viejo errichten. Zu Beginn des 15. Jahrhunderts wurde der Palast, heute ein Parador, einem anderen König zu eng: Die von Carlos III. »El Noble« (der Edle) eingeleitete Palasterweiterung sollte das Gesicht des Ortes grundlegend verändern. Carlos, der sowohl in Spanien als auch in Frankreich erzogen worden war, wusste von den prachtvollen Schlössern seiner französischen Verwandten und deren Monarchen, die an den Ufern der Loire ihren neuen Tummelplatz gefunden hatten. So schufen französische Baumeister und arabische Handwerker eine monumentale Anlage mit Repräsentationsräumen und Privatgemächern für ihn. Als das Werk vollendet war, krönten nicht weniger als 15 Türme die Silhouette des Schlosses. Die weitläufigen Terrassen der oberen Stockwerke, die prächtigen Empfangssäle und die hängenden Gärten oberhalb des Dorfes ähneln dem Schloss König Franz' I. in Chambord an der Loire: Der wehrhafte Burgcharakter war dekorativen Gestaltungselementen gewichen. Das neue Schloss, das den vielfältigsten Bedürfnissen gerecht wurde, füllte sich mit Leben und bildete bald eine eigene kleine Stadt. In den Gärten gediehen dank eines ausgeklügelten Bewässerungssystems Zitronenbäume und exotische Pflanzen; außerdem gab es eine Menagerie, u.a. mit einer Löwengrube und einem Vogelhaus, von dem noch Überreste zu sehen sind.

Neben all dieser Pracht dürfte sich das Dorf mehr als bescheiden ausgenommen haben. Später, als der letzte König von Navarra Olite verlassen hatte, kam es durch den Weinbau zu Wohlstand und Ansehen.

LINKS: Die Türme und Terrassen des im Auftrag von Carlos III. ab 1406 errichteten Palastes überragen in ihrer gotischen Pracht den Turm der Pfarrkirche San Pedro.
OBEN: Der prunkvolle Palastbau verleiht dem kleinen Dorf Olite einen Hauch von Grandeur.

OBEN LINKS: Carlos III. ließ die Palastmauern u.a. mit vorkragenden Türmchen versehen, wie auch viele Schlösser an der Loire sie aufweisen.
LINKS: Das Mauerwerk beeindruckt mit z.T. unglaublich filigranen Mustern.
OBEN UND RECHTS: Die an den Palast grenzende Kirche Santa María, ehemals die Nebenkirche von San Pedro, wurde mit prächtigen, von der französischen Gotik beeinflussten Zierelementen versehen.

12

Seite 186 und links oben: Unterhalb des Schlosses finden sich Kaufmannshäuser mit dekorativen Fassaden.
Links: Der mittelalterliche Torbogen der Palastanlage gewährt Zugang zu architektonischen Kleinodien.
Oben: Blick in einen kleinen Dachgarten.

EUSKADIK
C D YOLA
EBALUXE

Pasai Donibane (Pasajes)

GUIPÚZCOA

Der Schriftsteller Victor Hugo, ein Prototyp des mobilen Touristen, war von Pasajes so sehr angetan, dass er dort fast den ganzen Sommer des Jahres 1842 verbrachte und von einem »Gemälde mit hohen grünen Hängen und übereinander gestapelten Häusern« schwärmte, bei dessen Anblick er ein »tiefes Glücksgefühl« empfand.

Pasaia, wie die Basken sagen, liegt an einer kleinen Bucht unterhalb des Gebirges mit einer schmalen Öffnung zum Meer hin. Vor dem oft rauen Wetter im Golf von Biscaya geschützt, spielte der Ort eine wichtige Rolle in der baskischen Seefahrt; begünstigend für die Entwicklung des Schiffbaus wirkten sich die umliegenden Wälder aus, die reichlich Bauholz lieferten. Pasaia war nacheinander mittelalterlicher Handelshafen, Basis der transatlantischen Walfangflotte, Abfahrthafen der Spanischen Armada und in jüngerer Zeit Liegehafen der Hochseekabeljauflotte. All dies vollzog sich in der Bucht auf engstem Raum.

Es ist nicht ganz einfach, sich in Pasai Donibane (Pasajes San Juan), dem ältesten, traditionellsten Ortsteil, ohne Karte zurechtzufinden. Dass die ursprüngliche Anlage des Ortes unverändert blieb, liegt in der Natur der Dinge: Die Calle San Juan ist die einzige Straße zwischen der Erhebung des Jaizkibel und dem Meer; für eine weitere Straße wäre schlicht kein Platz. Auf der küstenabgewandten Seite der Calle San Juan stehen alte Häuser im Schatten des fast senkrecht aufragenden Hügels; die auf der anderen Seite stehen unmittelbar am Wasser. Das hübsche dreigeschossige Haus, in dem Victor Hugo weilte, hat auf jeder Etage einen Holzbalkon und vor der Tür einen eigenen Bootssteg. Von hier schweift der Blick hinüber zum ebenso alten Nachbarort Pasai San Pedro am anderen Ufer der Bucht, der dank besserer Ausdehnungsmöglichkeiten zu einer Stadt von beachtlicher Größe angewachsen ist und viele moderne Bauten aufweist. Trotz dieser Gegensätze haben sich die beiden Orte einander nicht entfremdet. Das kleine Fährboot, das ähnlich wie die *traghetti* über den Canal Grande pendelt (und dabei ungefähr die gleiche Strecke zurücklegt), ist vor allem mittags ausgelastet, wenn die Geschäftsleute von Pasai San Pedro sich eine Pause gönnen und ihrem hektischen Alltag für kurze Zeit den Rücken kehren, um auf einer schattigen Holzterrasse am Wasser ein leckeres Fischgericht zu genießen.

LINKS: Den besten Blick auf das Dorf, das sich am Fuß eines steilen bewaldeten Hügels hinzieht (Bild), hat man von San Pedro aus; der belebte Nachbarort auf der anderen Seite der Bucht ist per Fährboot erreichbar.
OBEN: Ein altes Haus in der Nähe des Hafens.

Ribadavia

OURENSE

OBEN: Ab 1476 wurde Ribadavia von 18 Grafen aus dem Geschlecht der Sarmientos regiert. Ihr Familienwappen prangt an der Fassade des Pazo de los Condes, eines schönen Barockbaus an der Praza Mayor. RECHTS: Die Praza Magdalena liegt im ehemaligen Judenviertel. Die gleichnamige Kirche wurde von Juden genutzt, die zum katholischen Glauben konvertiert waren.

Landeinwärts zeigt sich Galiciens Landschaft von einer neuen Seite. In den Hügeln von Ribeiro schlängeln sich schattige Landsträßchen zwischen von Steinmauern begrenzten Parzellen, die man trotz ihrer geringen Größe eifrig bebaut. Dort gedeihen die Trauben für die köstlichen weißen Ribeiro-Weine, die so gut zu den galicischen Fischgerichten munden. Und im Herzen von Ribeiro, am Zusammenfluss von Minho und Avia, liegt das Städtchen Ribadavia.

Die Befestigungsmauer aus dem 14./15. Jahrhundert ist weitgehend erhalten, ebenso drei der ursprünglich fünf Tore. Ribadavia war nicht nur ein bedeutender Handelsort, sondern auch ein Zentrum politischer Macht; im 11. Jahrhundert war es die Hauptstadt Galiciens. Die Mönche der umliegenden Klöster widmeten sich der Weinerzeugung und machten die Weine der Region über deren Grenzen hinaus bekannt.

Ribadavia wartet mit sage und schreibe acht Kirchen auf, von denen drei innerhalb des alten Mauerrings liegen. Als eines der ältesten Gotteshäuser gilt die der Magdalena geweihte Kirche nahe der Puerta Nueva. Sie diente zum Katholizismus konvertierten Juden als Gotteshaus. Der Ort hatte eine der einflussreichsten und größten jüdischen Gemeinden Nordspaniens, deren Mitglieder den Handel maßgeblich mitbestimmten und sich nach dem Edikt des Katholischen Königspaars von 1492 mehrheitlich dafür entschieden, zum katholischen Glauben überzutreten, um nicht des Landes verwiesen zu werden. In der alten Synagoge gegenüber der Kirche ist heute eine Weinhandlung untergebracht.

Ribadavia konnte sich einst einer stolzen Burg rühmen, die an der höchsten Stelle des Dorfes in den Fels hinein gebaut wurde. Sie verfiel jedoch, als die Grafen ihre Residenz in einen heute noch erhaltenen stattlichen Palast aus dem 17. Jahrhundert an der Praza Mayor verlegten; heute sind nur noch wenige Überreste der Burg zu sehen. Dafür bietet die Stelle, an der sie sich einst erhob, wunderschöne Ausblicke.

Diese Doppelseite: Bei einem Streifzug durch Ribadavias Gassenlabyrinth (oben) eröffnen sich schöne Blicke auf verschiedene Kirchen, so z.B. auf San Juan (oben rechts) und auf die barocke Fassade der Kirche Santiago mit ihren romanischen Bauelementen (rechts). Außerhalb der Mauer befindet sich die Klosterkirche Santo Domingo (Seite 193).

Bekannt ist die Gegend um Ribadavia nicht nur für ihre Weine, sondern auch für die Thermalquellen, die aus dem kalkreichen Boden sprudeln. Eine angenehme Unterbrechung der Schlemmerfreuden, die die meisten Besucher Galiciens ausgiebig genießen, könnte darin bestehen, in einem der kleinen Badehäuser inmitten großer Rebenflächen eine Kur zu machen.

LINKS: Der einzige Trinkwasserbrunnen des Dorfes, die heutige Viehtränke, befindet sich neben der prächtigen Stiftskirche, einem Juwel der romanischen Architektur Kantabriens.
RECHTS: Die Skulpturen über dem Hauptportal der Stiftskirche stellen die Apostel und das Martyrium der heiligen Juliana dar.

Santillana del Mar

CANTABRIA

Sollte es Dörfer geben, die unter glücklichen Vorzeichen entstanden sind, dann trifft das zweifellos auf das mit Reichtum gesegnete Santillana zu. Seine reizvolle Lage in einer flachen Mulde zwischen sanft geneigten Hängen dürfte wohl schon die ersten Siedler bezaubert haben. Es handelte sich um Mönche, die sich im 9. Jahrhundert hier niederließen und ein Kloster für die Reliquien der heiligen Juliana gründeten. Die Mönchsgemeinschaft, die Ackerbau betrieb und die Gunst der Könige und des Adels genoss, bildete die Urzelle eines der reichsten und berühmtesten Klöster Kantabriens. Da es unweit des Jakobswegs nach Santiago de Compostela liegt, wurde es von zahlreichen Pilgern aufgesucht.

Mit dem Bau der heutigen Stiftskirche, der größten Kirche an der Nordküste Spaniens, wurde im 12. Jahrhundert begonnen. Der Skulpturenschmuck im Bogenfeld ihres mächtigen romanischen Südportals zeigt die heilige Juliana. Im 15. Jahrhundert wurde das Kloster vom ansässigen Adel aus seiner Machtposition gedrängt und 1445 im Einvernehmen mit König Johann II. das erste Marquisat von Santillana gegründet. Die Ankunft weiterer Adelsfamilien hob das Ansehen des Ortes, ohne seinen Charakter gravierend zu verändern. Die damals einzige Straße des Dorfes führt zu einem Brunnen vor der wuchtigen Südfassade der Stiftskirche. Entlang dieser Straße entstanden gut ein Dutzend Adelspaläste, die jedoch nach Ansicht eines kritischen Zeitgenossen »nicht durch ihre Ausmaße, sondern durch ihre Anmaßung« beeindruckten.

Später kam eine zweite Hauptstraße hinzu, die Y-förmig auf einen Marktplatz, die heutige Plaza Ramón Pelayo, mündet. Dort erheben sich zwei wehrhaft anmutende gotische Türme und der prachtvollste Palast des Dorfes, vormals Residenz der Familie Barreda-Bracho; heute beherbergt er den stimmungsvollsten Parador weit und breit.

Im Laufe der Zeit verarmte manche Adelsfamilie. Das Blatt wendete sich erst, als abenteuerlustige Abkömmlinge dieser Familien von ihren Fahrten nach Amerika zurückkehrten und Schätze mitbrachten, die eine Verschönerung der vom Zahn der Zeit angenagten Paläste erlaubten. Erst im 19. Jahrhundert setzte der endgültige Niedergang ein. Später wurde ganz Santillana als kulturhistorisches Kleinod unter Denkmalschutz gestellt und mit staatlicher Unterstützung restauriert.

Diese Doppelseite: Die ehemaligen Adelspaläste nehmen sich vor dem Hintergrund des kleinen Ortes teils etwas protzig aus. An ihren Mauern prangen alten Wappen, u.a. das der Erzherzöge von Österreich.

PLAZA
DE
RAMÓN PELAYO

Literaturhinweise

Brenan, Gerald: *Das Gesicht Spaniens,* Kassel 1991
ders.: *Die Geschichte Spaniens,* Berlin 1978
ders.: *Südlich von Granada,* Kassel 1990
Carr, Raymond (Hrsg.): *Spain. A History,* Oxford 2000
ders.: *The Spanish Tragedy – The Civil War in Perspective,* London 1977
Cervantes Saavedra, Miguel de: *Don Quijote,* Düsseldorf 2003
Chetwode, Penelope: *Two Middle-Aged Ladies in Andalusia,* London 1963
Elliott, J.H.: *Imperial Spain 1469–1716,* London 1963
Facaros, Dana und Pauls, Michael: *Spain* (Cadogan Guide Series), London 1987
Fletcher, Richard: *Moorish Spain,* London 1992
Jacobs, Michael: *Andalucia* (Pallas Guide Series), London 2000
Lee, Laurie: *An einem hellen Morgen ging ich fort,* München 1983
dies.: *Ein Moment des Krieges,* Berlin 1997
dies.: *Eine Rose für den Winter,* München 1982
Morris, Jan: *Spain,* London 1979
Orwell, George: *Mein Katalonien,* Zürich 1983
Thomas, Hugh: *Der Spanische Bürgerkrieg,* Berlin 1962

Vornehme Adelshäuser hin, Stiftskirche her – auch in Santillana hängen immer irgendwo Wäschestücke zum Trocknen, und in jedem Hausgarten wird Gemüse gezogen.

Gastronomie

Eine außergewöhnliche Vielfalt kennzeichnet Spaniens regionale Küchen, und die Lust, im Restaurant zu speisen, ist allen Spaniern gemein. Eine unverzichtbare Voraussetzung für spontane Tafelfreuden in geselliger Runde ist schönes Wetter, mit dem fast alle spanischen Regionen reich gesegnet sind. An warmen Sommerabenden sind die Restaurants und die Cafés brechend voll, aber auch mittags genießen viele Spanier eine gute Mahlzeit, bevor sie sich ihrer geheiligten Siesta widmen.

Die lokalen Weine bieten zumeist in allen Kategorien gute Qualität für ihren Preis, und einige Spitzenwinzer in La Rioja erzeugen sogar Jahrgangsweine von Weltrang. In ihrem Ursprungsland kosten die Weine meist weniger als andernorts, und aufgrund strenger Qualitätsprüfungen sind Fehlkäufe nach allgemeiner Erfahrung eher selten, auch wenn man einen gänzlich unbekannten Wein wählt. Aus dem Westen Andalusiens stammt ein unvergleichlich köstlicher Sherry. Der Genuss einer *copa* dieses Klassikers lohnt allemal den Abstecher in eine Kellerei.

Fleisch, auch von Wild und Geflügel, hat seinen festen Platz in allen Regionalküchen Spaniens. Im kargen Bergland, wo der Winter für Mensch und Tier gleich hart ist, wird nicht ganz so häufig geschlachtet – dort genießt man öfter einen herzhaften Eintopf. Und der leckere Schinken, als *jamón* eine nationale »Institution«, wird mit einer Ehrfurcht aufgeschnitten, die nach dem ersten Bissen durchaus nachvollziehbar ist. Und wie steht es mit Fisch und Meeresfrüchten? Wundervoll, fantastisch, göttlich, unnachahmlich sind sie – meiner Ansicht nach – überall, in Andalusien wie in Katalonien, in Kantabrien wie in Galicien. Viele Urlauber fahren auch nordwestwärts, dorthin, wo die Entenmuschelsucher in der Brandung des Atlantiks ihre *percebes* von den überspülten Felsen pflücken: Das sind für mich die wahren Helden!

Am Anfang war die Vielfalt, und Vielfalt möge dieses Buch beschließen. Wer mag sich schon mit einem einzelnen genussvollen Erlebnis begnügen, wenn er viele haben kann? Auf dieser Maxime beruht das Konzept der spanischen Tapas-Bar, die ihren Gästen alles gleichzeitig bietet: Man unterhält sich, trinkt ein Gläschen, hört Musik dabei und arbeitet sich häppchenweise durch die vielfältigen Speisen.

OBEN LINKS: Der Anschnitt des jamón *wird wie ein Ritual betrieben. Im »El Rinconcillo« wird ein besonders köstlicher Schinken serviert, der aus der Extremadura stammt: der Jamón Ibérico.*
OBEN: »El Rinconcillo«, die älteste und berühmteste Tapas-Bar von Sevilla, existiert seit 1670.
LINKS: Die Stadt Valencia ist die Wiege der Paella. Ihre Grundlage ist der Reis aus Albufera, einer Lagune südlich von Valencia, und das Mittelmeer liefert die Schalentiere.

Praktische Hinweise

Alle Angaben wurden nach bestem Wissen und Gewissen gemacht. Sollten sich dennoch Fehler oder Unstimmigkeiten eingeschlichen haben, kann weder der Verfasser noch der Verlag die Haftung übernehmen.

FREMDENVERKEHRSÄMTER

In Deutschland:
Kurfürstendamm 63, 5.OG, 10707 Berlin, Tel. 030 8826036/6541, E-Mail berlin@tourspain.es
Grafenberger Allee 100, »Kutscherhaus«, 40237 Düsseldorf, Tel. 0211 6803981/82/83, E-Mail dusseldorf@tourspain.es
Myliusstraße 14, 60323 Frankfurt/M., Tel. 069 7250300, E-Mail frankfurt@tourspain.es
Schubertstraße 10, 80336 München, Tel. 089 53074611, E-Mail munich@tourspain.es

In Österreich:
Walfischgasse 8 (Mzz), 1010 Wien, Tel. 01 5129580, E-Mail viena@tourspain.es

In der Schweiz:
Seefeldstrasse 19, 8008 Zürich, Tel. 01 2527930, E-Mail zurich@tourspain.es

OSTSPANIEN

Albarracín TERUEL

Hotels und Pensionen
Hotel-Restaurant *Casa de Santiago,* c. Subida a las Torres 11, Tel. 978 700316
Hotel-Restaurant *La Casona del Ajimez,* c. San Juan 2, Tel. 978 710321
Hostel *Santo Cristo,* cno. Santo Cristo 17, Tel. 978 700301
Restaurants
Restaurant *Mesón del Gallo,* c. Puentes 1, Tel. 978 700281
Restaurant *El Portal,* c. Portal de Molina, Tel. 978 700390
Restaurant *Le Rincón del Chorro,* c. del Chorro 15, Tel. 978 710112
Information
C. Diputación 4, Tel. 978 710251

Alquézar HUESCA

Hotels und Pensionen
Hotel *Santa María,* c. Arrabal, Tel. 974 318436
Hotel *Villa del Alquézar,* c. Pedro Arnal Cavero 12, Tel. 974 318416
Hostel-Restaurant *Fonda Narbona,* Tel. 974 318078
Restaurants
Restaurant *Casa Gervasio,* Tel. 974 318282
Restaurant *Mesón del Vero,* Tel. 974 318074
Information
Ctra. Barbastro, Tel. 974 318940

Besalú GIRONA

Hotels und Pensionen
Hotel-Restaurant *Els Jardins de la Martana,* c. Pont 2, Tel. 972 590009
Hotel-Restaurant *Siqués ›Cal Parent‹,* avda. Lluis Companys 6–8, Tel. 972 590110
Hotel-Restaurant *Venencia,* c. Mayor 6, Tel. 972 591257
Restaurants
Restaurant *Els Fogons de Can Llaudes,* Prat de Sant Pere 6, Tel. 972 590858
Restaurant *Pont Vell,* c. Pont Vell 24, Tel. 972 591027
Information
Pl. Llibertat 2, Tel. 972 591240

Cadaqués GIRONA

Hotels und Pensionen
Hotel-Restaurant *Llane Petit,* c. Dr. Bartomeus 37, Tel. 972 251020
Hotel-Restaurant *Port-Lligat,* pl. de Port-Lligat, Tel. 972 258162
Restaurants
Restaurant *El Barroco,* c. Nou, Tel. 972 258632
Restaurant *Es Baluard,* riba Nemesio Llorens 2, Tel. 972 258184
Restaurant *La Galiota,* c. Narcís Monturiol 9, Tel. 972 258187
Information
C. Cotxe 2, Tel. 972 258315

Deià BALEAREN

Hotels und Pensionen
Hotel-Restaurant *D'Es Puig,* c. Es Puig 4, Tel. 971 639409
Hotel-Restaurant *La Residencia,* Son Canals, Tel. 971 639011
Restaurants
Restaurant *Sa Vinya,* c. Sa Vinya Vella 3, Tel. 971 639500
Restaurant *Sebastián,* c. Felip Bauzà 2, Tel. 971 639417
Information
Pl. de Sa Constituciò, 1, Sóller (10 km nordöstlich), Tel. 971 630200

El Palmar VALENCIA

Hotels und Pensionen
Hotel-Restaurant *Parador de el Saler* (3 km nördlich), avda. de los Pinares 151, Tel. 961 611186
Hotel-Restaurant *Patilla* (7 km nördlich), c. Pinares 10, el Saler, Tel. 961 830382
Restaurants
Restaurant *Bon Aire,* c. Caudete 41, Tel. 961 620313
Restaurant *Racó de l'Olla* (1,5 km nördlich), ctra. de el Saler, Tel. 961 620172
Information
C. Paz 48, Valencia (20 km nördlich), Tel. 963 986422

Montblanc TARRAGONA

Hotels und Pensionen
Hotel-Restaurant *Ducal,* c. Francesc Macia 11, Tel. 977 862448
Hotel-Restaurant *Fonda Cal Blasi,* c. Alenyà 11, Tel. 977 861336
Restaurants
Restaurant *El Call de Montblanc,* c. San Josep 15, Tel. 977 863224
Restaurant *Fonda Colom,* ctra. de Civadeira 5, Tel. 977 860153
Restaurant *El Molí del Mallol,* c. Muralla Santa Anna 2, Tel. 977 860591
Information
C. Miguel Alfonso, Tel. 977 861733

Peñíscola CASTELLÓN DE LA PLANA

Hotels und Pensionen
Hotel-Restaurant *Hosteria del Mar,* avda. Papa Luna 18, Tel. 964 480600
Hostel-Restaurant *Hostal del Duc,* c. Fulladosa 10, Tel. 964 480768
Restaurants
Restaurant *Altamíra,* c. Príncipe 3, Tel. 964 480038
Restaurant *Mirador,* c. Santos Martires 15, Tel. 964 489834
Restaurant *Simó,* c. Porteta 5, Tel. 964 480620
Information
Paseo Maritimo, Tel. 964 480208

Rupit BARCELONA

Hotels und Pensionen
Hotel *Borell* (in Olot, 28 km nordöstlich), c. Nónit Escubós 8, Olot, Tel. 972 276161
Hostel-Restaurant *Estrella,* pl. Bisbe Font 1, Tel. 938 522005
Hostel *El Repos,* c. Barbacana, Tel. 938 522100
Restaurants
Restaurant *Ca l'Estragués,* c. de l'Eglesia 4, Tel. 938 522006
Restaurant *L'Hort d'en Roca,* pl. Era Nova, Tel. 938 522029
Information
C. Lorenzana 15, Olot (28 km nordöstlich), Tel. 972 260141

Sos del Rey Católico ZARAGOZA

Hotels und Pensionen
Hotel-Restaurant *Parador de Sos del Rey Católico,* c. Arquitecto Sáinz de Vicuña 1, Tel. 948 888011
Hostel-Restaurant *Las Coronas,* c. Pons Sorolla 1, Tel. 948 888408

Das Restaurant »El Barroco« im Ortskern von Cadaqués war eines der Stammlokale von Salvador Dalí, der es in den 1970er-Jahren umgestaltete. In seinem schattigen Innenhof lässt es sich bei einem Glas Bier und einem Teller Anchovisfilets herrlich entspannen.

Hostel-Restaurant *Fonda Fernandina,* c. Emilio Alfaro, Tel. 948 888120
Information
C. del Pino 5, Tel. 948 888150

ANDALUSIEN

Alcalá la Real JAÉN

Hotels und Pensionen
Hotel-Restaurant *Torrepalma,* c. Conde de Torrepalma 2, Tel. 953 581800
Pension *Río de Oro,* paseo de los Álamos 4, Tel. 953 580337
Restaurants
Restaurant *Casa Pedro,* avda. de Andalucía, Tel. 953 580483
Restaurant *Parada de Autobuses,* avda. de Andalucía, Tel. 953 582731
Information
Paseo de los Álamos, Tel. 953 582217

Almonaster la Real HUELVA

Hotels und Pensionen
Hotel-Restaurant *Los Castaños* (in Aracena), avda. de Huelva 5, Aracena, Tel. 959 126300
Hostel *La Cruz,* c. José Antonio 8, Tel. 959 143135
Restaurants
Restaurant *Casa García de Almonaster,* avda. San Martín 2, Tel. 959 143109
Restaurant *Las Palmeras,* ctra. Almonaster, Tel. 959 143105
Information
Pl. de San Pedro, Aracena, Tel. 959 128355

Capileira GRANADA

Hotels und Pensionen
Hotel Apartments *Finca los Llanos,* ctra. Sierra Nevada, Tel. 958 763071
Pension *Mesón Poqueira,* c. Dr. Castilla 6, Tel. 958 763048
Hostel-Restaurant *Paco López,* pl. J. Solis, Tel. 958 763076
Restaurants
Restaurant *Finca los Llanos,* ctra. Sierra Nevada, Tel. 958 763071
Restaurant *Moraima,* c. Barranco de Poqueira, Tel. 958 763329

Eine bodequita *ähnelt einer Weinbar, wobei die meisten außerdem köstliche Tapas servieren. Señor Romeros berühmtes Lokal in Sevilla befindet sich in der Calle Antonia Díaz, gleich neben der Kathedrale.*

Information
Pl. de la Libertad, Pampaneira (6 km südlich), Tel. 958 763127

Grazalema CÁDIZ

Hotels und Pensionen
Hotel-Restaurant *Parador de Ronda* (23 km östlich), pl. de España, Ronda, Tel. 952 877500
Hotel-Restaurant *Puerta de la Villa,* pl. Pequeña 8, Tel. 956 132376
Hotel-Restaurant *Villa Turistica,* ctra. Comarcal 344, Tel. 956 132136
Restaurants
Restaurant *Cádiz el Chico,* pl. de España 8, Tel. 956 132027
Restaurant *El Pinsapar,* c. Dr. Mateos Galgo 22, Tel. 956 132202
Information
Pl. de España 11, Tel. 956 132225

Medina-Sidonia CÁDIZ

Hotels und Pensionen
Hotel-Restaurant *Medina Park* (4 km östlich), ctra. Comarcal 346, Tel. 956 410504
Hotel-Restaurant *El Molino,* avda. Al-Andalus 1, Tel. 956 410300
Pension *Napoleón,* c. San Juan 21, Tel. 956 410183
Restaurants
Restaurant *Cádiz,* pl. España 13, Tel. 956 410250
Restaurant *El Castillo,* c. Ducado de Medina-Sidonia, Tel. 956 410823
Restaurant *Mesón Machín,* pl. Iglesia Mayor, Tel. 956 411347
Information
Pl. Iglesia Mayor, Tel. 956 412404

Moguer HUELVA

Hotels und Pensionen
Hotel-Restaurant *Parador de Mazagón* (28 km südlich), ctra. Huelva-Matalascañas, Mazagón, Tel. 959 536300
Pension *Platero,* c. Aceña 4, Tel. 959 372159
Hostel *Lis,* c. Andalucía, Tel. 959 370378
Hostel *Pedro Alonso Niño,* c. Pedro Alonso Niño, Tel. 959 372392
Restaurants
Restaurant *Cristóbal Molina,* c. Juan Ramón Jiménez 1, Tel. 959 372473
Restaurant *La Parrala,* pl. de las Monjas 22, Tel. 959 370452
Restaurant *Santa Clara,* c. Portocarrero, Tel. 959 370027
Information
Pl. del Cabildo 1, Tel. 959 371898

Sanlúcar de Barrameda CÁDIZ

Hotels und Pensionen
Hotel-Restaurant *Guadalquivir,* Calzada del Ejército 10, Tel. 956 360742
Hotel-Restaurant *Los Helechos,* pl. Madre de Dios 9, Tel. 956 361349
Hotel-Restaurant *Tartaneros,* Tartaneros 8, Tel. 956 385378
Restaurants
Restaurant *Casa Bigote,* Bajo de Guía, Tel. 956 362696
Restaurant *Mirador Doñana,* Bajo de Guía, Tel. 956 364205
Restaurant *El Veranillo,* c. Barrios Masero, Tel. 956 362719
Information
Calzada del Ejército, Tel. 956 366110

Vejer de la Frontera CÁDIZ

Hotels und Pensionen
Hotel-Restaurant *La Casa del Califa,* pl. de España 16, Tel. 956 447730
Hotel-Restaurant *Convento de San Francisco,* la Plazuela, Tel. 956 451001
Hostel-Restaurant *La Posada,* avda. los Remedios 21, Tel. 956 450258
Restaurants
Restaurant *Mesón Judería,* arco de las Monjas, Tel. 956 447657
Restaurant *Trafalgar,* pl. de España 31, Tel. 956 447638
Restaurant *La Vera Cruz,* c. Eduardo Shelly 1, Tel. 956 193626
Information
C. Marqués de Tamarón 10, Tel. 956 450191

ZENTRALSPANIEN

Almagro CIUDAD REAL

Hotels und Pensionen
Hotel *Don Diego,* c. Bolaños 1, Tel. 926 861287

Es gibt kein Geheimrezept – aber je besser die Zutaten, desto besser die Tapas. Es heißt, dass die würzigsten spanischen Würste aus dem Gebiet um Salamanca kommen; in der Tat haben sie dem Bergdorf Candelario einst zu Ansehen und Wohlstand verholfen.

Hotel-Restaurant *Parador de Almagro,* Ronda de San Francisco 31, Tel. 926 860100
Pension *Angelines,* c. Franciscas 7, Tel. 926 860278

Restaurants
Restaurant *Calatrava,* c. Bolaños 3, Tel. 926 861353
Restaurant *El Corregidor,* pl. Fray Fernández de Córdoba 2, Tel. 926 860648
Restaurant *La Cuerda,* pl. General Jorreto 6, Tel. 926 882805

Information
C. Bernarda 2, Tel. 926 860717

Calatañazor SORIA

Hotels und Pensionen
Hotel-Restaurant *Mesón Leonor* (in Soria, 32 km östlich), paseo del Mirón, Soria, Tel. 975 220250
Hostel-Restaurant *Calatañazor,* c. Real 10–12, Tel. 975 183642
Hostel-Restaurant *De la Villa,* c. Tirador 11, Tel. 975 183284

Restaurants
Restaurant *Palomar,* Travesia Tirador 22, Tel. 975 183284

Information
Pl. Ramon y Cajal, Soria, Tel. 975 212052

Candelario SALAMANCA

Hotels und Pensionen
Hotel-Restaurant *Cinco Castaños,* ctra. de la Sierra, Tel. 923 413204
Hotel-Restaurant *Parador de Salamanca* (72 km nördlich), Teso de la Feria 2, Salamanca, Tel. 923 192082
Hostel-Restaurant *El Cristi,* pl. de Béjar 1, Tel. 923 413212

Restaurants
Restaurant *Artesa,* c. Mayor 57, Tel. 923 413111
Restaurant *La Romana,* Núñez Losada 4, Tel. 923 413272

Information
C. Compania 2, Salamanca, Tel. 923 268571

Guadalupe CÁCERES

Hotels und Pensionen
Hotel-Restaurant *Hospedería del Real Monasterio,* pl. Juan Carlos I, Tel. 927 367000
Hotel-Restaurant *Isabel,* pl. Santa María de Guadalupe 13, Tel. 927 367126
Hostel-Restaurant *Cerezo II,* pl. Santa María de Guadalupe 33, Tel. 927 154177

Restaurants
Restaurant *Mesón el Cordero,* c. Alfonso Onceno 27, Tel. 927 367131
Restaurant *Taruta,* c. Convento 16, Tel. 927 367301

Information
Pl. Santa María de Guadalupe, Tel. 927 154128

La Guardia TOLEDO

Hotels und Pensionen
Hotel-Restaurant *El Cardenal* (in Toledo), paseo de Recaredo 24, Toledo, Tel. 925 224900
Hostel-Restaurant *La Purísima* (in Tembleque, 11 km südlich), ctra. N-IV, Tel. 925 145078
Hostel-Restaurant *Torresmancha,* ctra. N-IV, Tel. 925 123090
Motel *El Queso* (in Tembleque), ctra. N-IV, Tel. 925 145063

Restaurants
Restaurant *Los Arcos* (in Dos Barrios), ctra. N-IV, Dos Barrios, Tel. 925 122129
Restaurant *Las Torres* (in Tembleque), c. Convento 71, Tembleque, Tel 925 145148

Information
Pta. de Bisagra, Toledo, Tel. 925 220843

La Huetre CÁCERES

Hotels und Pensionen
Hotel-Restaurant (in Vallejera de Riofrio, 68 km östlich), ctra. N-630, Vallejera de Riofrio, Tel. 923 404600
Hostel-Restaurant *Los Angeles* (in Nuñomoral, 9 km südöstlich), ctra. Coria-Salamanca 120, Nuñomoral, Tel. 927 434005
Hostel-Restaurant *Montesol* (in Casares), c. Lindón 7, Casares, Tel. 927 433025

Restaurants
Restaurant *El Hurdano* (in Nuñomoral), la Fuente, Nuñomoral, Tel. 927 433012

Information
Pl. de la Catedral, Plasencia, Tel. 927 423843

Pedraza SEGOVIA

Hotels und Pensionen
Hotel-Restaurant *De la Villa,* c. Calzada 5, Tel. 921 508651

Hotel *Posada de Don Mariano,* c. Mayor 14, Tel. 921 509886
Hostel-Restaurant *Hostería Pintor Zuloaga,* c. Matadero 1, Tel. 921 509835

Restaurants
Restaurant *La Olma,* pl. del Ganado I, Tel. 921 509981
Restaurant *El Yantar de Pedraza,* pl. Mayor, Tel. 921 509842

Information
C. Real, Tel. 921 508666

NORDSPANIEN

Bárcena Mayor CANTABRIA

Hotels und Pensionen
Hotel-Restaurant (in Reinosa, 46 km südöstlich), ctra. Tres Mares, Reinosa, Tel. 942 779250
Hotel-Restaurant *Viar* (in Cabezón de la Sal, 32 km nördlich), ctra. N-634, Cabezón de la Sal, Tel. 942 702219
Hostel-Restaurant *Venta la Franca,* c. la Franca, Tel. 942 706067

Restaurants
Restaurant *La Fontana,* Tel. 942 741211
Restaurant *El Puente,* Tel. 942 741200

Information
C. Botín 1, Cabezón de la Sal, Tel. 942 700332

Eine Spezialität aus Galicien: pimientas de Padrón – *geröstete kleine grüne Chilischoten mit viel Meersalz.*

Betanzos A CORUÑA

Hotels und Pensionen
Hotel-Restaurant *Los Ángeles,* c. los Ángeles 11, Tel. 981 771511
Hostel-Restaurant *Barreiro,* c. Rollo 6, Tel. 981 772259

Restaurants
Restaurant *Mesón O Pasatempo,* c. As Mariñas 23, Tel. 981 775022
Restaurant *La Penela,* r. dos Ferradores 21, Tel. 981 773127

Information
Pr. de la Constitución 1, Tel. 981 770100

Ituren NAVARRA

Hotels und Pensionen
Hostel-Restaurant *Aurtizko Ostatua,* c. Baja 17, Tel. 948 450477
Hostel *Plazaenea,* pl. de la Villa 8, Tel. 948 450018

Restaurants
Restaurant *Donamaria'ko Benta* (5 km südöstlich), barrio de la Venta 4, Donamaria, Tel. 948 450708
Restaurant *Olari* (in Irurita, 16 km östlich), c. Pedro María Hualde, Tel. 948 452254

Information
Parque Natural del Señorio de Bertiz (in Oieregi, 11 km östlich), Tel. 948 592421

Llanes ASTURIAS

Hotels und Pensionen
Hotel-Restaurant *Miraolas,* paseo de San Antón, Tel. 985 400828
Hotel-Restaurant *Sablon's,* playa del Salón 1, Tel. 985 401987
Pension *Los Pinos,* avda. los Gaviotas 18, Tel. 985 401117

Restaurants
Restaurant *Covadonga,* c. Manuel Cue 6, Tel. 985 400891
Restaurant *Mirador de Toró,* playa del Toró (1 km östlich), Tel. 985 400882

Information
La Torre, c. Alfonso IX, Tel. 985 400164

Olite NAVARRA

Hotels und Pensionen
Hotel-Restaurant *Casa Zanito,* r. Mayor 16, Tel. 948 740002
Hotel-Restaurant *Merindad de Olite,* r. de la Judería 11, Tel. 948 740735
Hotel-Restaurant *Parador de Olite,* pl. de los Teobaldos 2, Tel. 948 740000

Restaurants
Restaurant *Gambarte,* r. de Seco 15, Tel. 948 740139
Sidrería Erri Berri, r. del Fondo 1, Tel. 948 741116

Information
C. Mayor 1, Tel. 948 741703

Pasai Donibane GUIPÚZCOA

Hotels und Pensionen
Hotel-Restaurant *Gudamendi* (in San Sebastián, 11 km westlich), paseo Gudamendi, San Sebastián, Tel. 943 214000
Hostel-Restaurant *Bahía,* c. Eskalantegi 21, Tel. 943 514450

Wenn die Sonne untergeht, wird das Abendessen zubereitet – in Spanien ein abendfüllendes Ereignis.

Restaurants
Restaurant *Casa Cámara,* c. San Juan 79, Tel. 943 523699
Restaurant *Nicolasa,* c. San Juan 59, Tel. 943 515469
Restaurant *Txulotxo,* c. San Juan 71, Tel. 943 523958
Restaurant *Badiola,* c. San Juan 18, Tel. 943 518415
Information
C. San Juan 63, Tel. 943 341556

Ribadavia OURENSE

Hotels und Pensionen
Hostel-Restaurant *Evencio,* avda. Rodriguez Valcárcel 30, Tel. 988 471045
Hostel-Restaurant *Oasis,* ctra. N-120, Tel. 988 471613
Hostel-Restaurant *Plaza,* pr. Mayor, Tel. 988 470576
Restaurants
Restaurant *Caracas,* c. Calvo Sotelo 6, Tel. 988 470110
Restaurant *O Pucheiro,* c. Alvaro Cunqueiro 3, Tel. 988 470621
Information
Pr. Mayor 7, Tel. 988 471275

Santillana del Mar CANTABRIA

Hotels und Pensionen
Hotel-Restaurant *Mesón de Borleña* (25 km südöstlich), ctra. N-623, Tel. 942 597622
Hotel-Restaurant *Parador de Gil Blas,* pl. Mayor, Tel. 942 818000
Pension *Castio,* c. Castio, Tel. 942 818255
Restaurants
Restaurant *Altamira,* c. Canton 1, Tel. 942 818025
Restaurant *Los Blasones,* pl. de la Gándara, Tel. 942 818070
Information
C. Jesús Otero 20, Tel. 942 818251